JN183946

ジェントリフィケーション

藤塚吉浩 著

古今書院

Gentrification

Yoshihiro **FUJITSUKA**

Kokon Shoin, Tokyo
2017©

まえがき

　本書は、都市地理学の観点から都市の内部構造、特に、都市内部の衰退地区の再生現象であるジェントリフィケーションに焦点を当ててとりあげたものである。都市の内部構造の変化に関しては、地理学だけでなく社会学や経済学においても早くから取り上げられてきた。社会学のBurgess（1925）の同心円理論では、都心周辺には流入してきた移民が最初に集住する漸移地帯が生まれ、漸移地帯を抜け出した移民二世の労働者住宅地帯がその外にあるが、これを解体と再組織化を通じた都市の新陳代謝で説明し、その結果、社会階層の濾過現象が起こるとした。経済学のHoyt（1939）の扇形理論では、高級住宅地域は都市の中心部から外方に移動するとされた。これらの理論では、市街地の外方に高級住宅地域が生成される過程については解明されているが、都心周辺の市街地が再評価されて、居住者階層の上方変動が起こることは想定されていなかった。

　ジェントリフィケーリョンにより、ロンドンの都心周辺にある伝統的住宅への紳士階級の回帰が起こったことは、多くの研究者の耳目を集めた。イギリスだけでなく、アメリカ合衆国においても同様の現象が報告され、後にこの現象が世界的に研究される嚆矢となった。Hoyt（1939）の地価の歴史的分析をもとに、Smith（1979b）は地価の谷の形成による立論で現象を説明しており、ジェントリフィケーリョン研究は古典的理論の延長線上にある。

　本書は、こうした理論的探究について展望するとともに、ジェントリフィケーションの発現地域を調査した研究成果を収録している。本書は、大きく分けて四つの内容から構成されている。

　第一に、世界的に広がるジェントリフィケーション研究の動向について展望した。第1章では、初期には都市再生として影響の大きさから、立ち退きやコミュニティへの社会的影響についての研究が進められるとともに、当現象の

起因についてジェントリファイアーなのか資本なのか議論が深められ、さらには多元的な現象を理論的に統合して解明しようとする研究の動向を纏めた。第4章では、21世紀に入り急増しているジェントリフィケーション研究の動向を展望し、都市学の台頭とともに研究テーマも拡大していること、都市政策とジェントリフィケーションとの関係を解明する研究が多くなったこと、ジェントリフィケーション研究は東欧諸国の旧社会主義都市や、東アジアと南アメリカの都市においても研究が進められ、世界的に展開してきたことを示した。

第二に、歴史的町並みの残る京都を事例として、初期のジェントリフィケーションの事例を検討した。第2章では、1980年代の西陣地区への人口回帰現象について、新規の来住者は主に市内の他地区からの移住であり、専門・技術職就業者が多いこと、繊維工場の跡地に建設されていた共同住宅は、住宅のところにも建てられて立ち退きを惹起したことを明らかにした。第3章では、1990年代以降には、多くの共同住宅が都心地域に特有な小さな路地を含んだ場所に建設され、独特な歴史的雰囲気を有する路地に面する住宅は再開発の対象になり立ち退きが起こったことを示した。

第三に、2000年代以降のジェントリフィケーションの変化についてロンドン、ニューヨーク、東京を事例に研究した。第4章では、2000年代のロンドンの変化について検討した。1964年のグラスの報告では、ジェントリフィケーションの発現はロンドン東部で想定されていなかったが、2000年代にはロンドン東部の河川や古い運河沿いにある低・未利用地がその中心となった。1960年代にイズリントンで起こったジェントリフィケーションは性質を変えて、スーパージェントリフィケーションとして発現していることを確認した。第5章では、テムズ川沿岸において都市政策の影響で新築のジェントリフィケーションが起こり、住宅の価格は上昇し、低所得者が不動産の取得や住宅を利用できなくなる間接的な立ち退きの惹起を指摘した。第6章では、2000年代のニューヨークにおけるジェントリフィケーションの変化をとりあげ、ブルックリンにおける創造的活動の興隆と、イースト川沿いの工場や倉庫跡地の再利用促進のためのゾーニング変更について検証し、規模の大きい住宅開発は住民の格差を顕在化するとともに、マイノリティの住民を立ち退きさせたこと

を指摘した。第7章では、東京特別区部を事例に、1980年代前半と2000年代前半の変化について比較考察したのち、東京都中央区に焦点を当てて、地価の変動との関係や都市政策の影響について考察した。第8章では、2000年代のロンドン、ニューヨーク、東京を比較し、都心とジェントリフィケーションとの地理的位置関係を調べるとともに、再投資を促進する規制緩和や用途地域の変更などの施策の影響について検証し、さらには3都市の研究対象地域の社会経済的構成の変化を検討した。

第四に、ジェントリフィケーションの新たな展開について、旧社会主義体制下にあったベルリン東部の事例を研究するとともに、脱成長社会においてジェントリフィケーションがどのような影響を及ぼすのか、大阪を事例に検討した。第9章では、社会主義体制下で保全が十分でなかった共同住宅のうち、歴史的建築物を再生したものが注目されていること、修復地区では環境整備が進められて地代が上昇したこと、2000年代半ば以降高級住宅の建設が増加して不動産市場への影響は大きくなりつつあることを示した。第10章では、脱成長社会において都市景観の重要性、高齢社会への適応の必要性が認識されているが、大阪市において規制緩和により建設された高層住宅は都市景観資源や歴史的な低層の町並みに調和しないこと、それらの住宅の居住者の多くは若年層であり高齢者は少ないことを指摘した。

都市内部構造の研究は資本主義をもとに理論構築されてきたが、ジェントリフィケーション研究は新たな学問分野の進展とテーマの拡大のもとに、旧社会主義体制下にあった都市をも対象に加えながら、世界的に発展してきた。本書で得た知見をもとに、新たな地域の変化を追究する必要がある。

なお、本書は次に示す旧稿を部分的に修正し、一部新稿を加えて再構成したものである。それぞれの論文の論理構成を生かしたため、内容的に一部重複するところもある。第1章と第2章は、1990年代前半に発表したものであるため、内容にはその時期的背景が反映されているが、近年や今後の言葉を具体的な時期に置き換えるなど、表現を整えて論旨を明確にした。

第1章　藤塚吉浩　1994「ジェントリフィケーション―海外諸国の研究動向

と日本における研究の可能性―」人文地理 46(5): 496-514.
第2章　藤塚吉浩　1992「京都市西陣地区におけるジェントリフィケーションの兆候」，人文地理 44(4): 495-506.
第3章　Fujitsuka, Y. 2005. Gentrification and neighbourhood dynamics in Japan: the case of Kyoto. Atkinson, R. and G. Bridge eds. *Gentrification in a Global Context: The New Urban Colonialism.* 137-150. London and New York: Routledge.
第4章　藤塚吉浩　2016「ジェントリフィケーション研究のフロンティア―2000年代のロンドンの事例を中心に―」，日本都市社会学会年報 34: 44-58.
第5章　藤塚吉浩　2013 「ロンドンのテムズ川沿岸における新築のジェントリフィケーション」，都市地理学 8：82-89.
第6章　藤塚吉浩　2015「ニューヨーク市ブルックリン北部におけるジェントリフィケーション―2000年代の変化―」都市地理学 10：34-42.
第7章　藤塚吉浩　2014b「ジェントリフィケーションの新たな展開」，地理 59(4)：48-53. 藤塚吉浩　2016「地価の変動」，藤塚吉浩・高柳長直編『図説　日本の都市問題』．24-25. 古今書院. 藤塚吉浩　2016「ジェントリフィケーション」，藤塚吉浩・高柳長直編『図説　日本の都市問題』．74-75. 古今書院.
第8章　藤塚吉浩　2014a「ロンドン、ニューヨーク、東京におけるジェントリフィケーション」，日本都市学会年報 47：277-282.
第9章　藤塚吉浩　2016「社会主義後のベルリン東部におけるジェントリフィケーション」都市地理学 10：1-10.
第10章　Fujitsuka, Y. 2005. Gentrification in a post-growth society: the case of Fukushima Ward, Osaka. Hino. M. and J. Tsutsumi eds. *Urban Geography of Post-growth Society.* 147-158. Sendai: Tohoku University Press.

　旧稿をなすにあたっては、科学研究費補助金奨励研究（A）研究課題「京都市の歴史的中心市街地における持続可能な都市発展に関する研究」（課題番号：

11780067　代表者：藤塚吉浩）、科学研究費補助金基盤研究（C）研究課題「21世紀先進資本主義国における都市再生の新動向に関する地理学的研究」（課題番号：22520797　代表者：藤塚吉浩）、科学研究費補助金基盤研究（C）研究課題「経済体制変更後の旧社会主義都市における都市再生の動向に関する地理学的研究」（課題番号：26370928　代表者：藤塚吉浩）を得ている。

目　次

まえがき　i

第 1 章　ジェントリフィケーション
　　　―海外諸国の研究動向と日本における研究の可能性―　――― 1
　Ⅰ　はじめに　1
　Ⅱ　社会的影響　2
　　1）都市への回帰（back to the city movement）　2
　　2）再活性化　3
　　3）立ち退き（displacement）　5
　Ⅲ　理論的探究　7
　　1）制度論（institutionalist approach）　7
　　2）段階モデル（stage model）　8
　　3）地代格差論（rent gap theory）　10
　　4）新中間階級（new middle class）　13
　　5）マージナル・ジェントリファイアー（marginal gentrifiers）　15
　　6）研究のゆくえ（research frontiers）　16
　Ⅳ　日本の都市におけるジェントリフィケーション　18
　　1）発現の可能性　18
　　2）研究の可能性　20
　Ⅴ　おわりに　22

第 2 章　京都市西陣地区における
　　　ジェントリフィケーションの兆候　――――― 24
　Ⅰ　はじめに　24

1）ジェントリフィケーションの特徴と本研究の目的　24
　　2）ジェントリフィケーションの発現の可能性　25
　Ⅱ　京都市西陣地区　26
　Ⅲ　都市への回帰（back to the city movement）　30
　Ⅳ　ジェントリファイアーと住宅の特性　32
　Ⅴ　立ち退き　36
　Ⅵ　おわりに　38

第3章　日本におけるジェントリフィケーションと近隣変化
　　　　—京都市を事例に—　　　　　　　　　　　　　　　41
　Ⅰ　はじめに　41
　Ⅱ　日本のインナーシティの特徴　43
　Ⅲ　伝統的町家の衰退と共同住宅の建設　44
　Ⅳ　京都市におけるジェントリフィケーション　45
　　1）1990年代後半の京都市中心部におけるジェントリフィケーション　45
　　2）地価の急落　47
　　3）立ち退き　49
　Ⅴ　京都におけるジェントリファイアーの特徴　51
　Ⅵ　おわりに　53
　　1）ジェントリフィケーションの影響　53
　　2）ジェントリフィケーションの形態　54
　　3）保全の新たな動向　54

第4章　ジェントリフィケーション研究のフロンティア
　　　　—2000年代のロンドンの事例を中心に—　　　　　　56
　Ⅰ　はじめに　56
　Ⅱ　21世紀のジェントリフィケーションの研究動向　57
　　1）ジェントリフィケーション研究の増加と学問分野　57
　　2）ジェントリフィケーション研究のフロンティア　61

Ⅲ　2000年代のロンドンの変化　63
　　1）発現地域の変化　63
　　2）現象の変質　65
　　3）発現の要因　67
　Ⅳ　おわりに　69

第5章　ロンドンのテムズ川沿岸における新築のジェントリフィケーション ―――― 71

　Ⅰ　はじめに　71
　Ⅱ　地域の居住者階層の上方変動　73
　Ⅲ　テムズ川沿岸における景観の変化　75
　Ⅳ　立ち退き　81
　Ⅴ　おわりに　83

第6章　ニューヨーク市ブルックリン北部におけるジェントリフィケーション ―2000年代の変化― ―――― 85

　Ⅰ　はじめに　85
　Ⅱ　ブルックリン北部におけるジェントリフィケーションの拡大　86
　　1）初期のジェントリフィケーション　86
　　2）ジェントリフィケーションの変化　90
　Ⅲ　ウィリアムズバーグにおける創造的活動　92
　Ⅳ　ゾーニングの変更　95
　Ⅴ　立ち退き　100
　Ⅵ　おわりに　103

第7章　景気後退後の東京都中央区における新築のジェントリフィケーション ―――― 105

　Ⅰ　はじめに　105

Ⅱ　東京特別区部における発現地域の変化　106
　Ⅲ　地価の変動と都市政策　109
　Ⅳ　東京都中央区におけるジェントリフィケーション　112
　　1）2000年代前半の変化　112
　　2）地域景観への影響　113
　　3）都市政策の影響　115
　Ⅴ　おわりに　116

第8章　ロンドン、ニューヨーク、東京における ジェントリフィケーション ―――― 118
　Ⅰ　はじめに　118
　Ⅱ　ニューヨーク市ブルックリンの事例　119
　Ⅲ　ロンドンタワーハムレッツの事例　122
　Ⅳ　東京都中央区の事例　124
　Ⅴ　研究対象地域の社会経済的変化　127
　Ⅵ　おわりに　129

第9章　社会主義後のベルリン東部における ジェントリフィケーション ―――― 130
　Ⅰ　はじめに　130
　Ⅱ　発現地域の変化　131
　　1）社会主義都市の内部構造　131
　　2）経済体制変更後の資産の返還政策　133
　　3）ジェントリフィケーションの発現地域の変化　133
　Ⅲ　フリードリヒスハインにおける発現要因　136
　　1）創造都市政策　136
　　2）地域的要因　139
　Ⅳ　社会的影響　141
　　1）高級住宅　141

2）歴史的建築様式　144
  Ⅴ　おわりに　148

第10章　脱成長社会におけるジェントリフィケーション
　　　　—大阪市福島区の事例—　149
  Ⅰ　はじめに　149
  Ⅱ　2000年代におけるジェントリフィケーションと都市政策　151
  Ⅲ　ジェントリフィケーションと周辺のコミュニティ　153
  Ⅳ　ジェントリフィケーションの都市景観　157
  Ⅴ　おわりに　159

文　献　161
索　引　183
あとがき　189

第1章

ジェントリフィケーション
―海外諸国の研究動向と日本における研究の可能性―

I はじめに

　1970年代にインナーシティ（inner city）の再生ともてはやされたジェントリフィケーション（gentrification）は、1960年代のロンドンでまず確認された。この現象はそののち、中心市の衰退に悩むアメリカ合衆国において大いに注目され、さらには、この現象に対していち早く認識が高まったカナダ、オーストラリアの英語圏の諸国はもとより、1980年代の研究成果では、フランス（Kain 1981, Savitch 1988）、ドイツ（Wießner 1988, Charlesworth and Robb 1988）、スウェーデン（Clark 1988）においても発現が確認されている。当現象は日本では、小森（1977）、成田（1981, 1987）、山口（1981, 1984）らによって紹介されており、なかでも成田（1981: 249-260）は詳細にアメリカ合衆国の動向をとりあげ、問題点についてまとめている。本章ではまず、海外諸国における当現象の社会的影響と理論的探究の動向を展望し、それをふまえ、当現象が日本の都市において発現する可能性、及び、研究の可能性について考察することを目的としている。

　本論にはいる前に、ジェントリフィケーションの語義について確認しておきたい。当現象は、研究の視角や現象に接する人々により様々な文脈で把握されており、明確に定義することは困難である。そこで概要を把握するにあたり、研究史上最も早くジェントリフィケーションに言及した、Glass（1964）の記述を翻訳して次に掲げ、これに依拠したい。

ロンドンの労働者階級の居住区の多くでは、徐々に中間階級が侵入している。上下に2部屋ずつの粗末な家は、賃貸契約が終了すると接収され、エレガントで高価な住宅になる。ビクトリア様式の大きな家は、近ごろは格落ちし、下宿屋か、多世帯の住宅となっていたが、再び格上げされた。今やこれらの家の多くが贅沢なフラットや、ハウスレットとして小分けされている。昨今の住宅の社会的なステータスと価値は、しばしば大きさに反比例し、その地区の以前の水準と比べると暴騰している。いったんジェントリフィケーションの過程が地区ではじまると、元来の労働者階級のすべての、もしくは、ほとんどが立ち退きさせられるまですみやかに進行し、その地区全体の社会的性格は変容する。

　現象を規定する基本的性格は、労働者階級から中間階級への居住者階層の上方変動であることが、この記述から読み取れる。本書においても、これを現象の基本的な性格として扱うが、他の地域においても通用する概念としては、この記述が住宅の刷新方法について、建築様式などのロンドンの特殊性を反映していることを考慮しなければならない。より一般的には、伝統的な建築様式として価値のある住宅は、間取りや内装の改修により復興されるが、老朽化した粗末な住宅は、コンドミニアムなどの高価な住宅に更新されると考えるのが妥当である。すなわち、この双方の場合に共通する居住空間の改善という点を、居住者階層の上方変動とともに、本書ではジェントリフィケーションの語義の中心に据えて考える。

Ⅱ　社会的影響

1）都市への回帰（back to the city movement）

　先進資本主義国の大都市地域では、郊外化の進展により、中心市の人口構成

に偏りが生じている。中・高所得者が中心市から郊外へと転出する一方で、中心市には低所得者、高齢者などの社会経済的弱者がとり残される。さらには、中心市の雇用とインナーシティの安価な住宅を求めて移民が流入し、中心市の人口の質的構成はゆがめられる（成田 1977）。このような状況において発現したジェントリフィケーションは、郊外から富裕な人々が回帰するという特性があるため、中心市の人口の質的構成を是正することが期待された。

　確かに Spain（1980）が示しているように、中心市の住宅が黒人から白人の手へと移る場合は、1960 年代後半から 1970 年代後半には 2 倍近くになっている。このような人口回帰の起こる可能性が高いのは、アメリカ合衆国の 20 都市を対象に調査を行った Lipton（1980）によると、ホワイトカラーの雇用の水準が高く、郊外から都心への通勤距離が長くなっている都市である。しかし、人口回帰の起こる都市には制約があり、工業活動の盛んな都市において人口回帰が起こる可能性は高くない。先に Spain（1980）が示した事例は、年々増加しているとはいえ、すべての所有者の変化した住宅数の 5％にさえ及ばない。また、全米の都市圏を対象に調査した Sternlieb and Hughes（1979）によると、都市圏レベルでは個人所得の増加を示すことはできないという。すなわち、この都市への人口回帰の動向は、巨視的に見るとあまり大きなものではないことがわかる。

　このように当現象に期待されたような都市への人口回帰の動向をマクロに示すことができない要因には、当該地区への来住者の前住地の問題がある。地区へ新たに回帰した人たちの大半は、郊外から戻ってきたのではなく、中心市内のアパートや借家から移ってきたにすぎない。大学への進学とともにその都市に来住した学生の動向も、それに関係がある。彼・彼女たちは、卒業後そこで収入を得て、はじめて家を購入する際には、都市的なものの魅力を既に体験しているので、郊外居住よりもインナーシティ居住を選択する（Gale 1979, Van Weesep 1994）。

2）再活性化

　中心市から流出するのは人口だけでなく、小売業、卸売業、工場、オフィス

といった経済活動も郊外へ流出する。雇用の減少した中心市では失業者が増大し、環境の悪化と犯罪の増加等が中心市政府の支出増と財政難を招いていた（成田 1977: 32-47）。折しも、1980年代のイギリス、アメリカ合衆国では、新保守主義の政府が地方自治体の支援策を縮小し、民活主義を方針としていた（Barnekovほか 1992）。そのため、公共の力によらない民間の自発的な更新であるジェントリフィケーションの発現は、地方自治体の行政担当者から歓迎された。行政担当者は、ジェントリフィケーションの進行によって、新築が増え、広範に既存の住宅の復興がおこり、清潔でより秩序正しいコミュニティが形成され、新中間階級や観光客を賄うための新しい商店ができると期待した。このようにジェントリフィケーションは、1980年代の民活のイデオロギーにふさわしいものであった。また、その近隣が上流の人々によって住まわれることによって、単に自治体財政への資金が流入するだけでなく、そこに居住するというライフスタイルがより高く評価されるようになる。現象が進行するにつれ、マスメディアに取り上げられるようになり、投資家や開発業者の思惑とも合致した（Beauregard 1985）。

　これに対する否定的見解（Cybriwsy 1978, Laska and Spain 1980）では、自治体は新規来住者からの広範囲に及ぶ都市改善計画の要求に対応しなければならないので、歳出がジェントリフィケーションにより誘発される歳入を上回ることになり、ジェントリフィケーションは都市にとっての新たな歳入を生み出したことにさえならないという。これについてLang（1986）は、近隣ベースで歳入と資本改善費用の算出を試みた。それによると、ジェントリフィケーションによる歳入の増大は、資本改善費用に相殺されるものではないことが明らかになった。そして、この観点に立てば、当現象を推進することは正しい都市政策であり、この歳入の増加を立ち退き対策にあてればよいとつけ加えている。

　しかしながら、このようなLang（1986）の評価は楽観的であり、ジェントリフィケーションによる効果は無尽にあるわけではない。当現象は、建築様式に価値のある住宅の存在する地区や、穏やかな衰退地区で発現し、その発現地は飛び地的に分布している。衰退した地区に住むことを希望するジェントリファイアーの数に限りがある（Schaffer and Smith 1986）ため、たとえ

その地区がジェントリフィケーションの発現地に近接していたとしても、放棄され衰退している程度が著しければ、当現象の発現は困難である（Marcuse 1986）。すなわち、当現象の発現には量的な限界の存在が指摘されている（成田 1981：256-281）。

3）立ち退き（displacement）

　当現象の発生は様々な方面に影響を及ぼしているが、そのなかでも最大の問題は立ち退きの惹起である。ジェントリフィケーションは立ち退きを伴って起こるといっても過言ではなく、双方の現象は表裏一体の関係にある。

　立ち退きの最大の要因は、家賃の上昇である。また、借家（rental unit）がコンドミニアムにリニューアルされることも大きな要因であり、これにより持ち家が増加する一方で、借家人が立ち退きさせられる。このようなプッシュ要因だけでなく、伝統的な建築物の質、近隣の魅力、相対的にみて安価であることと位置的な有利さから、より高い値をつけることのできる来住者（inmovers）を引きつけるというプル要因によっても、長い間住んでいた住民は立ち退きさせられる（Legates and Hartman 1981）。

　立ち退きさせられる者（displacees）の社会的属性を見ると、多くは低所得者、高齢者（Henig 1984）、マイノリティなどの社会経済的弱者である（Legates and Hartman 1986）。彼・彼女たちは、立ち退きさせられることにより、従前の家賃水準の住宅を確保することは容易ではなく、上昇する住宅費の負担が彼・彼女たちの経済状況を圧迫するか、それが負担できない場合には、彼・彼女たちはより劣悪な住環境へと追いやられることになる。こうした立ち退きが数多く起こるようになると、彼・彼女たちの依存する伝統的なコミュニティも破壊されてしまう。

　立ち退きさせられた人たちのなかで、中心市から郊外へ移動できるのは裕福な層であり、貧しい人たちは中心市内を移動する（Spain 1980：39）。中心市内で移転先を見つけられず、住むところを失った人たちは、ホームレス（homelessness）になる可能性が高い。サンフランシスコの事例について調査

した Kasinitz（1983）は、ホームレス増加の要因として、彼・彼女たちのかつての宿であった一室居住者用ホテル（single room occupant hotel）が、ジェントリファイアーによって占拠され、供給のきわめて少なくなったことを示している。また、ジェントリフィケーション進行の結果、彼・彼女たちの手の届く住宅（affordable housing）が不足しているために、結果的には住宅市場から排除され、ホームレスになった人たちも多い（Marcuse 1988）。

　立ち退きは、当該地域で発生する犯罪にも影響を及ぼす。ジェントリフィケーションの進行が犯罪を減少させるかについては、評価が分かれる。ジェントリフィケーションの進む地域に新たにやってくる裕福な中間階級の住民は、自らの政治的な影響力によって警察署の増加、街路灯の増設を成功させることにより、地域の犯罪の減少に貢献する。また、犯罪発生率の高い貧困ライン以下の住民を立ち退きさせることにより、地域で起こる犯罪は減少するという、肯定的な評価がある。逆に否定的な評価では、立ち退きによってその地域を追われた弱者は、近辺の地区に移住し、悪化地区を外方に拡大する結果となる。ジェントリフィケーションは点在的に進行するため、住民グループ間の緊張が増加し、立ち退きさせられた弱者は新規来住者を報復の対象とし、犯罪発生の引き金となりかねない（McDonald 1986, Couington and Taylor 1989）。

　意見が最も対立するのは、このような立ち退きをどのようにとらえるかという点についてである。再活性化を重視する Sumka（1979a, 1979b）は、惹起される立ち退きは、供給される住宅の総量からみると少数であり、問題とするに値しないと主張する。これに対し Hartman（1979）は、再活性化のために犠牲をこうむる人たちをクローズアップし、コミュニティ保護の観点から、Sumka（1979a）の評価を過小であると反論した。立ち退きの総量を明確に測りえないところに議論の余地はあるが、Smith and LeFaivre（1984）をはじめ多くの研究者が、立ち退き反対（anti-displacement）を主張しており、反対論が圧倒的に優勢である。

　以上のように、当初衰退したインナーシティの再活性化を担うとして期待されていた当現象は、そのマイナスの影響が深刻化するにつれて、次第に否定的な評価が主流をなしつつある。

Ⅲ　理論的探究

　当現象の社会的な影響に関する研究が進められ、一定の評価が下されるになってきたことは、すでに前節で確認したとおりであるが、1990年代初めには研究の主流は、社会的影響に関するものよりも、むしろ、当現象を解明する理論的探究にシフトし、その蓄積が多くなっている。本節では、まず当現象を解明する五つの理論的な探究について考察したのち、研究のゆくえについてまとめる。

1）制度論（institutionalist approach）

　1970年代初頭のイギリスにおいてジェントリフィケーションが急速に進行したのは、1969年住居法（Housing Act）の規定に基づき中央政府が自治体を介して支出した、住宅改良補助金（improvement grant）によるところが大きい。この補助金は、非居住用建物を住宅に改造したり、3階建て以上の住宅をフラットやメゾネットに改修する際に、自治体の任意裁量により与えられる（Hamnett 1973）。これによって、一部の家主や不動産業者は居住者の権利が特に弱い家具つき借家をねらって家を買い取り、地方当局から補助金を得て改修し、それを転売して巨利を得たのである。しかし、都心周辺の衰退地域で不動産を購入するには、住宅を抵当に資金を貸し付ける建築組合（building society）の営業方針が障害であった。当初建築組合は、ジェントリフィケーションに冷淡であったが、ジェントリフィケーションの進行している地区での住宅価格の急騰を目の当たりに見ると積極的な貸し付けを行うようになった（Williams 1978: 23-34，小森 1977: 111-115）。

　このようなイギリスの初期の動向について考察したWilliams（1976）は、住宅供給の側からの研究の必要性を指摘した。こうした研究においては、中央、地方政府の役割は重要であり（Cybriwsky et al. 1986）、ジェントリフィケーションの扇動者である。また、ディベロッパー、不動産業者、建築組合、銀行、改良住宅の取引、ローンを供与するすべてのサービス業者も中心的存在である。

このような組織によって生み出される、改良補助金などの制度（institutions）は、ジェントリフィケーションに大きな影響を及ぼす。こうした制度が、どのようにジェントリフィケーションに関わっているかを解明するのが、これらの研究の主眼である。

そののち1980年代の英米において、民間活力の導入により進められた、インナーシティにおける住宅開発を事例とした研究が、次のSmith（1989）とWilson（1989，1990）により行われた。Smith（1989）は、ロンドンドックランズ（London Docklands）を事例としてとりあげた。1980年代のドックランズでは、LDDC（London Docklands Development Corporation）が土地を取得してインフラストラクチャを整備し、その後民間に払い下げられて住宅が建設された。住宅の分譲価格は当初予定の価格よりも急騰し、その結果、高所得者の居住するジェントリフィケーションが進行した。すなわち、LDDCは、開発に伴う初期のリスクを吸収して、結果的にジェントリフィケーションの進行に寄与したのである。一方Wilson（1989，1990）は、インディアナポリスの事例をとりあげた。インディアナポリスでは、地方政府が規制・法令を設立することにより、開発の調整を行った。そして、投資家の投資意欲を喚起させるために、補助金を支給することによって、ジェントリフィケーションを促進したのである。

このような研究方法に対しては、次の問題点が指摘されている。経験的事実に基づいて、制度が実際にジェントリフィケーションの発現に寄与しているという、そのタイミングを説明することができない。制度はジェントリフィケーションをコントロールするのではなく、促進させるものとして説明するのが妥当である。また、住宅供給の面を強調するあまり、需要については十分に評価されていない。そのため、個々のジェントリファイアーはあまり考慮されず、粗雑に扱われていると批判された（Munt 1987）。

2）段階モデル（stage model）

従来インナーシティでは、中間階級の郊外への転出による濾過現象（filtering

down）が生じていたが、ジェントリフィケーションはその全く逆の現象であり、インナーシティの居住者の社会的な階層は上方変動する。この変化の過程を実証的に説明しようとしたのが、段階モデルである。段階モデルは、濾過現象によって社会的に衰退した近隣に居住する際に生じるリスク（risk）を、新規来住者がどのように受容するかという点を中心に概念形成されており、次の三つの段階が想定されている。第一段階は、その近隣の住宅が安価であることに目をつけて来住してきた人たちで、彼らはリスクを気にしない（risk-oblivious）。単身者や子どもを持たない夫婦が多い。第二段階は、近隣の評判を耳にして、その不動産を開発しようとする人たちで、彼らはリスクにかける（risk-prone）。来住者の職業では専門・技術職が多くなり、元来の住民の立ち退きが頻繁に起こるようになる。第三段階は、近隣のグレードアップはほぼ完了し、その成熟した雰囲気を求めてやってきた人たちで、彼・彼女たちはリスクをきらう（risk-averse）。より裕福な人たちや、子どもを伴った世帯も来住するようになり、元来の住民は悉く立ち退きさせられてしまう（Gale 1980，Pattison 1983）。

　後にこのモデルは、現象の進展状況に相違のみられる、同一都市の複数の近隣を事例にして検証された。タンパの2地区を事例としたKerstain（1990）は、ジェントリフィケーションをもたらす主体により、来住者の特性がモデルとは異なることを指摘している。すなわち、個々の世帯によって起こる場合、初期の来住者の特性は段階モデルに近いが、開発業者による場合、多数の居住者が同時に地区に来住することでリスクは低減されるため、最初からリスクにかける、リスクをきらうタイプの居住者が多く見られる。また、フィラデルフィアの四つの近隣を事例に研究したBeauregard（1990）は、開発業者だけでなく、ジェントリフィケーションをもたらす政府、個々の世帯の行動と、ジェントリフィケーションを阻止しようとする近隣のグループに力点を置く必要性を指摘し、より多様な変遷過程を明らかにすることができるとしている。

　このようにアメリカ合衆国の都市においてみられるインナーシティに居住するに際して生じるリスクは、カナダにおいては欠如しているとDantas（1988）は指摘しており、アメリカ合衆国以外の事例ではリスク自体があまり大きくな

いため、段階論にみられるような来住者の類型に必ずしも一致しない場合がある。

3）地代格差論（rent gap theory）

　ジェントリフィケーションは都市域における不均等発展の一端であると、構造的な観点から説明するのが、Smith（1979）の地代格差論（rent gap theory）である。その理論によると、インナーシティでは投資が行われないため、建造環境（built environment）の物的衰微が著しくなり、地価の谷が生じる。そして、時間の経過とともに資本化地代（capitalized ground rent）は低落し、最も望ましい高度な土地利用を仮定した際の潜在的地代（potential ground rent）との間に、地代格差（rent gap）が派生する（図 1-1）。多くの産業部門で利潤率が低下しているとき、金融資本は、より利潤率が高く、よりリスクの小さい投資先を求める。地代格差の存在するインナーシティの建造環境は、金融資本の求める投資先となり、他の経済部門からの資本の切り換え（capital switching）が起こる（Smith 1982）。収益率が最も高くなったインナーシティの建造環境へ、郊外に流出していた資本が回帰し、ジェントリフィケーションが惹起される。

　この理論は現象を手際よく説明しているが、いくつか問題がある。そのひとつは、用語の定義についてである。Bourassa（1993）によると、土地の価格（land value）の代用として地代（ground rent）の用語を用いていること、そして、資本化地代（capitalized ground rent）の用語に含まれる資本化（capitalization）は、将来の予期できる地代を現在の価格にかえる過程であるが、現在の価格を意味する文脈で使われていることの二点に問題が存在する[1]。いまひとつは、地代格差論を実証する際の方法についてである。現実にはあらわれない潜在地代（potential rent）はもちろん、実際の地代（actual rent）についても、明らかになる機会がきわめて乏しく、それに関するデータの利用は難しい。スミス自身もニューヨークのハーレム（Schaffer and Smith 1986）とロウアーイーストサイド（Smith et al. 1989）を事例として実証的な研究を試みているが、

地代格差をはかる試みはなされていない。このような方法論的な困難に直面しながらも、実際に地代格差を把握しようとした、Ley、Kary、Clark、Badcockの4人の研究者の試みを次にとりあげる。

Ley（1986）は、1971年と1981年におけるカナダの22のセンサス大都市地域（CMAs）を対象に、職業的地位と教育程度を従属変数として、人口、住宅市場、アメニティ、経済の四つのカテゴリーに属する35の独立変数との相関係数を分析した。住宅市場のカテゴリーの中に、地代格差論との関係を意識して設定した、住宅価格と住宅賃貸費用についての、CMAとインナーシティとの比率がある。CMAに対するインナーシティの比率が低ければ、地代格差論におけるインナーシティの負の投資（devalorization）の状態を示しており、その帰結がインナーシティへの再投資、ひいては、ジェントリフィケーションの惹起の誘因である（Ley 1987）としている。Leyは、この比率と地代格差の相関関係が弱く、地代格差論ではジェントリフィケーションを説明できないと指摘したが、Smith（1987b）の提示した資本化地代と潜在的地代との地代格差については何も示しておらず、十分とはいえない。

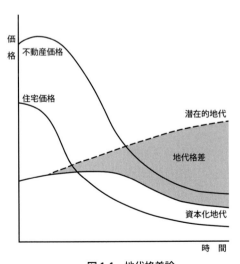

図1-1　地代格差論
Smith（1979b）による。

Kary（1988）は、トロントのキャベージタウンにおける住宅価格を見ることによって、地代格差論を検証した。インナーシティの住宅価格と郊外の住宅価格を比較する方法をとり、インナートロントにおける地価の谷について確認し、また、対象地域における住宅価格の進展の分析から地代格差の存在を推定した。しかしこの方法では、潜在地代の存在、ひいては、地代格差の存在を実際に示すことができない点が批判された（Bourassa 1993：1740）。

Clark（1987）は、スウェーデンのマルメ（Malmö）を対象地域として1860年から1985年までの期間、地代格差の推移をより直接的にはかろうとした。実際の土地代（actual land rent）は、市場価格を反映する売値と、地価と建築物の区別がある課税評価額を用いて、売値から建築物の価格を引いたものとした。潜在的な土地代（potential land rent）は、不動産価格と人口の変化を用いて算定した。研究の結果、最初地代格差は存在せず、比較的長い間潜在地代と資本化地代は同じであること、また、投資対象になると、資本化地代は急上昇し地代格差は狭まることの二点から、スミスの概念図を修正した。この分析手法について（Bourassa 1993：1739-1740）は、潜在地代の計算式と課税評価額の信頼性について疑問を持ち、後者の課税評価額については、現在の土地利用よりも最も高度で望ましい土地利用を反映させるため、実際の土地代への適用の可能性、また、土地と建物の価格配分の不正確さを指摘している。

Badcock（1989）は、1970年から1985年までを対象期間として、オーストラリアのアデレード大都市圏において、地代格差の存在を検証した。実際の価格（actual value）は全体の不動産価格（property value）よりもいくぶん小さいと仮定し、売却価格に基づく住宅と土地の価格を結合して、実際の地代の代用とした。潜在価格（potential value）は、更地の実際の売却価格によってはかられる。彼は、インナーシティの更地の価格が、住宅と土地区画の全体の不動産価格を上回っている状態により、地代格差の存在を確認した。1970年のインナーアデレードにおける地代格差の存在は、法律による最小限以下の住宅の再開発の制限によるもので、国家と地方政府の介入による影響の大きさを示している（Badcock 1990）。制限が取り払われた後に、この格差は徐々に収

縮し閉塞しているが、これは Bourassa（1993：1740）が指摘しているように、実際の地代と潜在地代との間の格差が閉塞したのではなく、潜在地代における変化として示されるべきである。また、現在の土地利用によって地代を算出しているが、現在の利用には全く無関係である（Bourassa 1990）。

　以上のような地代格差の計測方法についてだけでなく、立論方法に関して、さらにふたつの問題点が指摘されている。第一に、地代格差論においては、ジェントリフィケーションの前提として地代格差が存在する（Smith 1987a）が、地代格差はジェントリフィケーションに付随する現象に過ぎず、地代格差のある地域においてジェントリフィケーションが発現するとは限らない（Hamnett 1984, 1991）。第二に、地代格差論はジェントリファイアーの社会的生産を考慮していない（Rose 1984）ため、ジェントリファイアーの性格や起源について何ら説明できない。次項では、このジェントリファイアーについてとりあげる。

4）新中間階級（new middle class）

　近代から現代に移行する中で最も増加した職業層はホワイトカラーであり、旧来の商工業者などの中間階級に対し、新中間階級（new middle class）を形成している（ミルズ 1957）。1970 年代には、産業構造の中心が工業からサービス業へと移行する脱工業化社会を迎え、生産過程で非熟練労働者の役割が減少する一方で、専門・技術・管理職・公務のホワイトカラーが増加した（ベル 1975）。このようなホワイトカラーの増加は、インナーシティに住むジェントリファイアーの増加へと結びつくのであるが、これにはジェントリファイアーのイデオロギーと関係がある。概して彼・彼女たちは、政治的にリベラルな思想の持ち主であることは、モントリオールの 1982 年の選挙での改良派（Reform Movements）支持者の多数存在する地区と、ジェントリフィケーションの進んだ地区との相関の高さを示した Ley and Mills（1986）によって示されている。彼・彼女たちは、それまでの経済効率優先の成長を重視する都市振興主義（boosterism）に対して、住みよさ（livability）を重視した（Ley

1980)。1970年代のトロントでは、市政を掌握した都市改良派が、高層住宅など都心地域における大規模再開発を一時凍結し、歴史的建造環境を保全する方針をとっている（廣松 1992）。このようなリベラルなイデオロギーの実践により、歴史的建造環境が守られたが、その反面、低所得者向け住宅の整備はなおざりにされているのは、ボストンの事例（Auger 1979）と同様で、社会的な公平性において問題があったのも事実である。

　このように新中間階級が歴史的建造環境の保全に熱心なのは、住宅に対する評価の変化がその背景にある。以前は郊外の庭付き一戸建て住宅が彼・彼女たちの主たる住まいの形態であったが、自らの住居としてインナーシティの伝統的様式の建築物を再評価するようになったのである。地域によって異なるが、ブラウンストーンや、倉庫が住居用に変わったロフトリビング（Zukin 1982）などが彼・彼女たちの好みにかなうものである。彼・彼女たちは、伝統的建築物を保全することによって、疑似的なブルジョアの習慣に時間と金をつぎ込み、工場労働者などの労働者階級との差異化をはかる（Zukin 1987）。しかし彼・彼女たちにとっては、様式建築の歴史的な価値体系だけでは不十分であり、現代的なアメニティをも重視する。歴史性と現代性は対立するものではなく、相互に補完しあうのである。このため、地域の伝統的な様式（vernacular）と、他の時代や地域に見られる様式（cosmopolitan）とをモチーフとして新たに建設されたポストモダンのアパートやコンドミニアムも、彼・彼女たちの趣味にかなうのである。彼・彼女たちは、このような建築で地域の建造環境を再構築する（Mills 1988, 1991）ことにより、労働者階級の象徴である産業景観を刷新（renovate）し、自らを因習的な階級から解き放つことができる。彼・彼女たちにとっては、住宅を所有することよりも、どのように見られるかという点においてスタイリッシュであることが重要である。そのような景観には、伝統的なものばかりではなくキッチュ（kitsch）も含まれているが、それは大した問題ではなく、美意識よりも社会的識別を獲得することによって、彼・彼女たちは満足するのである（Jager 1986, Williams 1986）。

5）マージナル・ジェントリファイアー（marginal gentrifiers）

　ジェントリフィケーションの地区に来住するのは、前項でとりあげた新中間階級だけでなく、実際にはより多様な人たちが来住している。雇用機会においてはマージナルな位置にあるが、前述の人たち同様に高等教育を受けている人々は、生活上の様々な理由のためにインナーシティに来住している。Rose（1984：57-69）は、このような人たちをマージナル・ジェントリファイアーとして位置づけた。Beauregard（1986）もまた、複雑なジェントリフィケーションの過程を解明するためには、潜在的ジェントリファイアー（potential gentrifiers）も研究対象とする必要性を指摘している。そこで本項では、マージナル・ジェントリファイアーに該当する次のふたつのタイプの人たちについてとりあげる。

　第一のタイプは、活動範囲を拡大させてきた、女性を中心とした人たちである。産業構造のリストラクチャリングに伴い雇用構造も変化して、ホワイトカラーの女性が増加したため、その影響は大きい（Warde 1991）。女性が労働市場に進出することによって、居住の仕方が変化している。夫と共稼ぎの女性は、賃金労働に携わる一方で、買い物、料理、子どもの世話といった家事労働の二重の役割（dual roles）を負担する。彼女たちは、家事と仕事の二重の役割のため、時間的、空間的に制約され、インナーシティに住むことを選択する（Bondi 1991）。シングル・マザー（single mother）[2]の場合も同様である。単身女性もジェントリフィケーションの地区に来住しているが、治安上の問題のため、できる限り安全な近隣に住むことを望む傾向があり（Rose 1989）、リスクを回避できるジェントリフィケーションの地区に住む割合が高い。彼女たちは、男性同様の水準で賃金を得ており、家賃が割高となっても負担することが可能である。

　第二のタイプは、一般的な社会規範にとらわれない（nonconformist）ライフスタイルをとる前衛的な芸術家（avant-garde artists）たちと、伝統的な近隣では忌避される傾向にある同性愛の人たちである。両者ともに、因習にとらわれないライフスタイル（unconventional lifestyle）のために、反体制文化

（counterculture）のコミュニティに来住しているのであるが、後者の方がより組織的に来住する。ゲイのコミュニティのあるニューオリンズの場合には、まず、ゲイの不動産業者とディベロッパーが放棄された近隣を開発する。そして、高等教育を受けたゲイたちが、伝統的な建築物の復興を主張し、それを旗印に自分たちのコミュニティを形成する（Knopp 1990）。ゲイと異なりレズビアンたちの場合は、インナーシティに彼女たちのグループの活動の場を確保するが、住宅を確保するほどの資力が十分ではないため、彼女たちが集住する形態をとることはあまりない（Winchester and White 1988）。

　いずれの場合にせよ、ジェントリフィケーションが進行するにつれ、近隣の雰囲気は次第に変化していく。近くにある古ぼけた商店は、ジェントリファイアー好みのカフェやブティックなどに置き換えられ、商店街の雰囲気は一変する。そして、その洗練された雰囲気が新たな来住者を呼び起こし、ジェントリファイアーを再生産し、さらに格上げされる（Filion 1991）。その一方で、立ち退きさせられる側の高齢者・貧困者などの社会経済的弱者にとっては、なじみのない商店や施設ができ、近隣から立ち退きによって排除されるだけでなく、そのような人たちの再生産は妨げられる。すなわち、空間関係（spatial relations）は社会的にしきられ、いったん社会的にしきられた空間として成立すると、社会関係（social relations）を再生産する（McDowell 1983）のである。

6）研究のゆくえ（research frontiers）

　前項までに五つの理論的探究について考察したが、本項では、1990 年代に入り顕著になってきた、それらの統合をめざす動向についてとりあげる。それぞれの理論を統合しようとしたハムネットによると、ジェントリフィケーションを解明するうえで重要な観点は、脱工業化社会による新中間階級の台頭を主張する Ley の立場と、地代格差の所産であると主張する Smith の立場があり、双方の業績を取り込むことが肝要である（Hamnett 1991: 185-188）という。同じように Ley（1994）も、論理実証主義（positivism）、構造主義

(structuralism)、人文主義（humanism）のそれぞれ単独の洞察では一面的であり、相互理解の重要性について認めている。Smith（1992）は、ハムネットによってレイと対極の位置づけられたのは不本意であり、階級の概念の重要性を認めているなど、レイと相通ずるところがあると述べている。すなわち、新中間階級と地代格差の概念は、対極的ではあるが、相互補完的であるといえる。

　しかし、ジェントリフィケーションの鍵となる主体（key actors）については見解が分かれる。Hamnettは、個々のジェントリファイアー（individual gentrifiers）が主体であり、ジェントリファイアーなしではジェントリフィケーションは存在しないと主張する。そして、中心にあるのは、Beauregard（1986 : 41-47）の主張する潜在的なジェントリファイアー要員の存在であり、地代格差の存在だけではジェントリフィケーションを作り出せないとHamnett（1991: 179-185）は論じる。これに対して、地代格差の存在が中心にあり、地代格差なしにジェントリフィケーションは起こりえないと主張するSmith（1992）やClark（1992）は、Hamnettの主張は個人主義（individualism）であると批判した。この批判に対しHamnett（1992）は、ジェントリファイアーの行為は、経済的な制約と、そして、個人的かつ社会的につくり出された好みによる制約との相互作用に基礎をおいており、我々が直面しているのは、これらの関連性を説明することであり、この点ではスミスの立場とはそんなに遠く離れているわけではないと自説を擁護した。

　また、ジェントリフィケーションを考える際には、階級の概念だけでは不十分であり、ジェンダーの視点の有効性をBondi（1991）は主張している。これに対しHamnett（1991: 175）は、生産対消費の構図においては、ジェンダーは二義的な説明の仕方にすぎないと述べている。確かにジェンダーを基軸としてジェントリフィケーションを説明することは難しいかもしれないが、前項で示したようにマージナル・ジェントリファイアーの存在が大きくなることは確実であり、Spain（1991）が指摘しているように、1990年代の研究課題のひとつとなるであろう。

　以上見てきたように、ジェントリフィケーションをめぐる様々な論点が存在

しているが、議論の根底にあるのは現象の多元性である。そして、その多元性を再認識し、Van Weesep（1994）が指摘しているように、現象がどのように展開していくのかを明らかにすることが、重要になるであろう。

Ⅳ　日本の都市におけるジェントリフィケーション

1）発現の可能性

　日本の都市においても、前節までに確認してきた海外諸国で見られるようなジェントリフィケーションは起こりうるのだろうか。あるいは、全く存在しないのだろうか。本節では、その発現の可能性について考えることからはじめたい。

　日本の都市は木造建築物が主体に成り立っており、補修を怠れば個々の住宅は老朽化しやすい。衰微した住宅は、補修するよりクリアランス[3]するほうが比較的容易であるうえ、費用が安くすむ。そのため日本では、老朽化した建築物を修復・再利用する事例は多くないが、皆無というわけではない。建築的に価値のあるもののなかには、修復・再利用されているものが存在する。近代的な洋風建築物が復興されるのは、その典型的な事例である。1980年代には、建築物の不燃化が進行しており、居住空間のレイアウトを再編するリフォームの手法もみられるようになり、修復・再利用の事例は増加してくる。ところで、ジェントリフィケーションと認定されるのは老朽化した建築物の修復・再利用だけではないことは、すでに前節でポストモダンの建築物がジェントリファイアーに受け入れられる事例として確認している。すなわち、ジェントリフィケーションの語義の中心として確認した居住空間の改善を主体として考えれば、建築物の更新方法の相違は大きな問題ではない。

　日本の住宅市場について由井（1991）は、地価の恒常的な上昇により住宅の老朽化に伴った住宅価格の低下がほとんどないため、アメリカ合衆国の住み換えシステムで起こる住居移動に伴う居住者の濾過現象はほとんど見られない

ことを指摘している。そのことから、その逆の居住者の社会的階層の上方変動も起こりえないのではないかという疑問が生じるかもしれない。確かに、住宅のようなミクロなレベルでは、アメリカ合衆国の都市で起こっているような、裕福な居住者から貧しい居住者の手へと住宅が渡っていく、ドラスティックな事例は少ないように見える。しかし、マクロにみれば、人口の郊外化が進むとともに、工業、卸売業をはじめとした経済活動が中心市から郊外へ流出する、インナーシティ問題の顕在化は確認されている（成田 1979）。すなわち、住民の社会的階層が再変動する可能性は存在する。このことを裏づけるように、1980年代の後半になると、これまで反都市化の状況にあった東京において、再都市化の兆候が確認されている（成田 1990）。また、日本の都市における濾過現象の存在には否定的である由井（1986）は、住宅の種類による住みわけを指摘し、民間の中高層住宅にホワイトカラーが多いことから、ジェントリフィケーション発現の可能性を認めている。

　以上のようなことから、ジェントリフィケーションが実際に起こるとすれば、次の三つの要因が考えられる。第一は、産業構造の変化が就業構造に与える影響である。大都市から工場が分散した結果、都市に残されたのは工場を統括する機能や、研究開発機能である。1980年代には、オフィスではＯＡ化、工場ではＦＡ化が進み、これらの関連技術を支援する情報サービス業が進展した。これらの産業構造の変化は、職業別の就業構造について見ると、専門・技術職就業者の増加として示される（上林 1992）。情報サービス業は多くの派遣労働者によりささえられており、労働力の内部市場から外部市場へのシフトを促し、労働力の流動化と変則的就労の増大を招く（鎌田ほか 1990）。そのような就業状況にある人たちは、職場に近いところに住むことを評価する傾向が強く、新しい住宅需要を生み出すことになる。第二は、郊外化の進展の影響である。就職や結婚による世帯分離の時期を迎えた郊外育ちの二世が、便利なインナーシティの居住環境を評価して、インナーシティに回帰する可能性を小森（1983）は指摘している。1980年代後半の地価の高騰により、郊外の一戸建住宅は給与所得者の購買能力を超え、購入可能な物件は、職場からかなり離れた郊外になる。これにより、通勤距離はさらに長くなるため、

インナーシティの共同住宅を選択する世帯は増加している。第三は、インナーシティにおける共同住宅の供給増加である。1980年代の低金利政策のために、より有利な投資先のひとつとして不動産市場が考えられた。不動産市場への過剰な資金の流入は、インナーシティに大量の共同住宅を供給することになり、入居者として多くの新規来住者を発生させることになった。筆者は、京都市西陣地区における新規に建設された共同住宅の居住者の社会的属性を検討し、元来の地域の住民の属性とは異なり、多数の専門技術職従事者の存在を確認し、ジェントリフィケーションの兆候として提示した（藤塚 1992）。これらのことから、日本の都市においてジェントリフィケーションが進展する可能性は大いに存在すると考えられる。

2）研究の可能性

日本の都市におけるジェントリフィケーションは、いったいどのような文脈で論じられる可能性があるのだろうか。本項では、日本の都市におけるジェントリフィケーション研究の可能性について考察する。

まず、英米同様に人口回帰に関する文脈で論じられる可能性がある。大都市圏域の中でも、都心部およびそれを取り巻く地域においては、人口の減少、高齢化の進展が著しい。定住人口を確保し、居住人口の若返りをはかることは、そのような地域の行政担当者にとって共通の課題となっている。既成市街地内での共同住宅の建設は解決策のひとつであり、1980年代には多くの共同住宅の供給がなされた（香川 1993）。そうした共同住宅に来住している居住者の大半は、近辺の地区を前住地としていることが多くの研究者（由井 1987，香川 1989，安田 1986）によって確認されている。人口回帰という側面から考える場合、共同住宅についてだけでなく、それを含めた地域全体について把握する必要がある。筆者は人口回帰の見られる京都市西陣地区について分析し、郊外からの人口回帰よりも、市内の他の地区からの移動のほうが数において勝ることを確認した（藤塚 1992: 499-500）。共同住宅の建設などによる地区への人口回帰は、近隣の活性化という点では評価できるが、中心市の人口増加に

寄与する郊外からの人口回帰としては期待することはできない。これは、海外の事例とほぼ同様である。

　また、ジェントリフィケーションの最大の問題である、立ち退きに関する文脈においても論じられる可能性が大きい。共同住宅の建設用地を確保するために、借家人が立ち退きさせられる事例は多く（Hayakawa and Hirayama 1991）、このことはほぼ海外諸国の動向と同様である。こうした立ち退きについて、正確に現象を把握することからはじめなければならないが、日本においてもこれを明示するデータは存在しないため、困難をきわめる。筆者はこのような制約を克服するために、建物の更新の際における住宅の滅失の動向に着目して検討し、1980年代後半の立ち退きの頻度の高まりを確認した（藤塚 1992: 503-504）。こうした物的な側面だけでなく、立ち退きさせられる人々の属性など、社会的な側面についての研究が重要となる。

　そして、最も研究の進展する可能性の高いのが、新中間階級の論点である。1980年代に世界都市化の進展した東京では、すでに新中間階級の台頭がみられる。都心をとりまく地域では専門技術職に就く人たちが増加しており（牛島 1992）、Sassen（1991）はそのような動向のなかでも、エリート企業社員が都心の高級高層住宅に住む動向を、ジェントリフィケーションとして紹介している。これは、旧来の地域住民を転出させることによって、新しい空間が形成されているのであるが、そこには全く新しい社会関係が成立する。このため、地域社会に残存している社会関係自体を、都市空間の再定義に向けていかに活性化していくかが、重要な論点になる（町村 1986）。また、新住民によって空間関係が変動し、社会関係は再生産される一方で、旧住民の社会的再生産は妨げられる。そのため、新住民の社会的、文化的な時好についての研究も重要となる。このように空間的であるとともに、社会階層的な視点の導入が必要であり、社会的ミックスや社会的統合についての研究の重要性が高まるであろう。

　以上のような論点が考えられるが、日本の都市における研究成果の蓄積に期待したい。研究に際し、現象の多元性を考慮すべきであり、それぞれの側面を個別に研究するのではなく、相互の関連性を追究する必要がある。海外諸国の

豊富な研究を参考にすることによって、現象の進展についての解明が可能になるであろう。

V　おわりに

　イギリスで最初に起こったジェントリフィケーションは、先進資本主義国を経て世界各国に広まり、各地から研究報告が相次いでいる。また、大都市から中小都市へと広がっているのが、世界的な趨勢である。同様に日本においても、すでにいくつか兆候のあらわれている東京や、筆者の紹介した京都をはじめとした大都市から地方の中小都市へと次第に広がっていくと考えられる。

　とはいえ、この動向は無限に拡大するわけではない。経済の動向により大きな影響を受けるからである。1990年代の先進資本主義国においては、景気後退の影響は深刻であり、1980年代に華やかであった民活主義による都市の再活性化は沈滞した。ジェントリファイアーは、経済構造の変化によってもたらされたのであるから、経済活動が停滞すれば、ジェントリフィケーションの動向も失速する。経済が復調して、ジェントリフィケーションの進展が見られる前に、様々な問題点を克服するためにも、十分な対策を練っておく必要がある。

　当現象をめぐる論点について本章では、社会的影響、理論的探求に関する重要なものを主体に網羅したが、すべてを取り込んでいるわけではない。そもそも当現象をめぐる論点は、現象への関わり方や、研究者の専攻分野などにより多岐にわたっており、さらに様々な方面で展開される可能性は大きい。すでに研究のゆくえとして紹介したように、複数の論点を統合しようとする動きがあるが、論点は一点に収束するわけではないので、現象の展開を注意深く見極めることが必要である。

注

1) こうした用語の問題を克服するため、他の研究者たちは、スミスの資本化地代、潜在的地代をそれぞれ別の言葉に置きかえている。本章では、それぞれの用語について、初出時に原語と訳語を併記している。
2) 夫がいない子持ちの女性をシングル・マザーという。子どもができてから離婚した女性や、結婚はしないが子どもを生んだ女性も含む。
3) 日本の都心周辺部に立地する高層住宅の多くは、この手法により建設されている（香川 1988）。

第2章

京都市西陣地区における
ジェントリフィケーションの兆候

I　はじめに

　1970年代から1980年代にかけて、英米の大都市では、高齢者や低所得者など社会経済的弱者が滞留し、物的にも衰退していたインナーシティの再活性化が行われるという、ジェントリフィケーションの発現が確認されている。日本においても、1980年代中頃から既成市街地内で共同住宅が多数建設され、それに伴い新たな居住者の来住が起こっている。

1）ジェントリフィケーションの特徴と本研究の目的

　ジェントリフィケーションが脚光を浴びた理由は、大きくわけてふたつある。ひとつは、それが公的事業ではなく、民間投資による近隣の再生だからである。この側面に着目したSmith（1979b, 1982）は、ジェントリフィケーションは資本の回帰によって起こると主張した。それはジェントリフィケーションの起こる地域の説明を可能にしたが、ジェントリフィケーションが注目されるもうひとつの理由であり、その基本的性格を規定する、居住者階層の上方変動（成田1981）について十分考慮していない。すなわち、新中間階級（new middle class）の潜在的なジェントリファイアー（potential gentrifiers）の存在が、ジェントリフィケーション発現のための必要条件である（Rose 1984, Beauregard 1986, Hamnett 1991）。

　ジェントリファイアーとされる居住者は、年齢では30歳代前半が最も多く、

職業では専門・技術職就業者が多い。その典型的な世帯構成は、単身者か子どものいない共働きの夫婦（DINKs）である（Gale 1980, Ley 1980）。

　ジェントリフィケーションは、インナーシティの再活性化というプラスの側面だけでなく、マイナスの側面も非常に大きい。マイナスの側面には、立ち退き、量的な限界（成田 1987）、再活性化の進む近隣と放棄された状態の近隣との分極化（Marcuse 1986）などがある。そのなかで最も問題になるのが、立ち退きである。再活性化重視のために立ち退きを問題としない見解（Smuka 1979a, 1979b）もあるが、圧倒的に反対論が優勢である。反対論の根拠は主に三つあり、ジェントリフィケーションは高齢者・低所得者など社会経済的弱者の立ち退きを伴うこと（Hartman 1979）、それにより彼・彼女たちはより悪い住環境におかれること（LeGates and Hartmann 1986）、さらには彼・彼女たちの依存する伝統的なコミュニティをも破壊すること（Smith and LeFaivre 1984）である。

　以上のようなジェントリフィケーションの特徴をふまえて、本章では、どこから人々が回帰しているのか、どのような人々が来住しているのか、また、それによって最大の問題点である立ち退きは引き起こされているのか、これらの点を中心に考察する。

２）ジェントリフィケーションの発現の可能性

　日本の大都市において、ジェントリフィケーションは発現しうるのだろうか。その基本的性格を規定するのは居住者階層の上方変動であるが、それに寄与するものはふたつ考えられる。ひとつは、都市再開発の動向である。日本の都市には木造の建築物が多く、再開発の際に欧米のように衰微した建築物を復興して再利用する場合は少なく、衰微した建築物を除去し新たに建築物を建設する場合が大半である[1]。実際、中高層共同住宅の建設を契機とした、住民のホワイトカラー化の進行が、大阪市（成田 1980）、広島市（由井 1986）で指摘されている。いまひとつは、郊外から中心市への住民の回帰の動向である。郊外の戸建住宅の取得が経済的に困難であること、および、インナーシティの

便利さや多様性といった価値を見直すことにより、世帯分離の時期を迎えた郊外育ちの若者が、郊外からインナーシティへ回帰する可能性は決して小さくない（小森 1983）。

実際にジェントリフィケーションが発現しうるためには、次の三つの条件がある。すなわち、①都心にホワイトカラーの職場が豊富に存在し潜在的にジェントリファイアーを供給できること[2]、②魅力的な都心およびインナーシティの環境が存在すること、③ジェントリフィケーションにとっての適当な立地条件の地域が存在すること[3]である。本章では、①の条件を満たす都市として、1980年代に都心部でオフィスビル建設が活発化し、事業所従業者の約2割が都心部に集中している京都市（藤塚 1990）をとりあげる。さらに、②、③の条件より、比較的都心に近接したところで機業地域として発展し、魅力的な町並みの存在する西陣地区を研究対象地域とする。

II　京都市西陣地区

一般に西陣と呼ばれる地域の範囲は明確ではなく、西陣織の織屋の分布に影響され、その範囲は拡大してきている[4]。本節では、元来の西陣の中心的な地域[5]を対象に、桃薗・小川・聚楽・正親・嘉楽・乾隆・西陣の七つの国勢統計区を西陣地区としてとらえることにする（図2-1）。

1980年代になると、京都市では人口はあまり増加せず、その一方で65歳以上の老年人口は増加し、1985年の老年人口比率は11.4％である。西陣地区では、同年の老年人口比率は16.4％に達し、京都市の水準以上に人口の高齢化が進んでいる。また、当地区の中心産業である西陣織産業は、呉服の需要のかげりと出機による地区外生産の増加のため、地域内生産は低下している（樋口ほか 1984, 加藤ほか 1984）。表2-1に示したとおり、1976年から1990年までのあいだに工場数は1,231から703へ減少し、従業者数は6,483人から3,213人へほぼ半減している。特に、1980年から1985年までの5年間には、工場数が227、従業者数が1,281人減少した。さらに、当地区には戦

前の借家が多数存在しているが、家屋の老朽破損が進んでおり、その改善要求が高まっている（大都市企画主管者会議 1982）。すなわち、社会的、経済的、

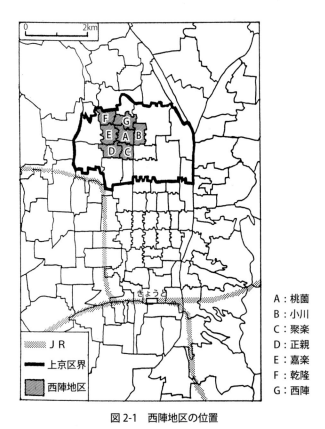

図 2-1　西陣地区の位置

表 2-1　繊維工業の工場数・従業者数の推移

年		1976	1980	1985	1990
京都市	工　場	9,332	8,682	7,563	6,086
	従業者	53,768	46,821	38,539	31,118
左京区	工　場	3,547	3,215	2,622	2,073
	従業者	14,522	12,708	10,266	8,182
西陣地区	工　場	1,231	1,097	870	703
	従業者	6,483	5,459	4,178	3,213

『京都市地域（元学区）統計要覧』により作成。

28 第2章 京都市西陣地区におけるジェントリフィケーションの兆候

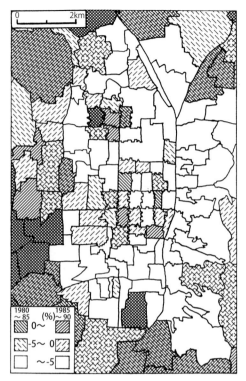

図 2-2 人口増減率（1980～1985，1985～1990年）
国勢調査（国勢統計区別集計結果）により作成。
注）1990年は、『京都市の町別人口』により作成。

表 2-2 職業別就業者の増減（1980～1985年）

	就業人口	専門技術	管理	事務	販売	技能労務	サービス
京都市	8,256	14,552	-6,091	7,982	-1,824	-11,539	3,381
上京区	-3,168	737	-647	441	-1,083	-3,285	160
西陣地区	-536	281	-228	180	-330	-657	162
桃　薗	-183	-1	-58	-28	-83	-59	24
小　川	60	103	3	40	1	-131	30
聚　楽	-142	21	-41	-6	-46	-88	15
正　親	-147	43	-19	8	-111	-110	21
嘉　楽	197	84	-39	101	5	-10	41
乾　隆	-257	11	-50	35	-76	-161	-1
西　陣	-64	20	-24	30	-20	-98	32

国勢調査（国勢統計区別集計結果）により作成。

物的な側面からみて、西陣地区は京都市のなかでも典型的なインナーシティエリアである。

とはいえ 1980 年代には、織屋の跡地を中心に、共同住宅が多数建設されている（上林 1991）。これは、当地区が都心に近接しているにもかかわらず、相対的に地価が安価であること（森田 1991）と、歴史的な地区特有の町並み景観が存在し、地区イメージが良好であることに起因している。

このように共同住宅が多数建設されると、新規来住者が増えるため、1980 年代には人口減少率は低減し、なかには人口増加に転じた統計区もある（図 2-2）。職業別にみると、専門・技術職就業者が最も増加しており（表 2-2）、

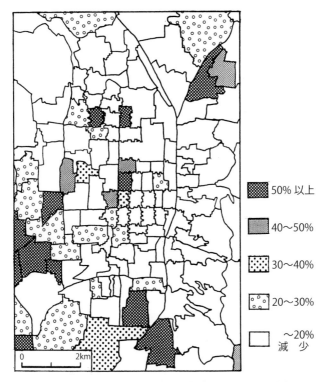

図 2-3　専門・技術職就業者の増加率（1980～1985 年）
　　　国勢調査（国勢統計区別集計結果）により作成。

特に小川・正親・嘉楽の3統計区における専門・技術職就業者の増加率は、京都市全域の水準の20.0％を越えている（図2-3）。技能・労務職就業者の減少とあいまって、居住者のホワイトカラー化が進行している。

III 都市への回帰（back to the city movement）

　当該地区への人口の回帰には、郊外から中心市への回帰（back to the city movement）の場合と、同一市内での住み替え（stay in the city）の場合がある[6]。当該地区を含めたインナーシティ全体、ひいては中心市全体の再活性化のためには、郊外から中心市への人口の回帰がより重要となる。

　インナーシティへの人口の回帰には、その国や地域の特性が色濃く反映される。イギリスでは、伝統的なホワイトカラーの居住地は、郊外の中流住宅地区である。産業構造の変化によりホワイトカラーが増加する一方で、無秩序なスプロールを防ぐグリーンベルトが存在しているため、郊外住宅地の標準的な価格は、彼・彼女たちの収入では手の届かないレベルへと高騰した。これによって、郊外からの人口の回帰が起こったのである（小森 1977）。一方アメリカ合衆国では、郊外居住者は将来の生活設計の目標を郊外におき、たとえ住宅費や交通費が値上がりつづけても、郊外に残る努力をやめないため、彼・彼女たちにとって中心市は遠い存在である（山口 1981）。かくして、インナーシティの一部で起こっている人口回帰現象は、都市内での住み替えにすぎず、真の中心市の再生につながらないという批判がうまれるのである。

　日本の大都市の場合、人口回帰はどこから起こっているのだろうか。本章の研究対象である京都市西陣地区においては、1980年代に人口が増加に転じつつあることは前節で確認したとおりであるが、本節では当地区への転入者について検討することにより、それがいつごろから起こっているのか、また、どこからの転入者によるのか、という点を明らかにする。ここでは、住民基本台帳に基づく移動人口を示した『京都市の人口動態』を資料とする。この資料は一年ごとに集計されているので、対象期間を1980年代だけでなく1970年代後

半も含め、1976年から1990年までの15年間とする。転入者の前住地については、上京区、上京区以外の京都市、京都市以外の京都府、他府県に分類した（図2-4）。

　西陣地区への転入者は、1977年から1982年までは1,400〜1,700人程度であるが、1983年に2,000人に達してからは、その後1,800人以上の水準を維持しており、1988年以降再び増加して2,000人前後を推移している。1980年代前半にこの地区への転入者が増加しているのは、1970年代の終わり頃から繊維工場の閉鎖が相次ぎ、その跡地に共同住宅が建設されていることと関連している。また、1988年以降転入者が再び増加しているのは、1983年に東京の中心商業地を発端にはじまった地価上昇の影響が当地区にも波及し、共同住宅の建設が活発化しているためである。

　この地区への転入者は、前住地別にみると、三つの特徴がある。第一は、1983年以降当地区を含む上京区を前住地とする転入者が増えていることである。転入者総数に対する上京区を前住地とする転入者の比率は、1976年から1982年までの平均16.7％に対し、1983年から1990年までが平均18.3％

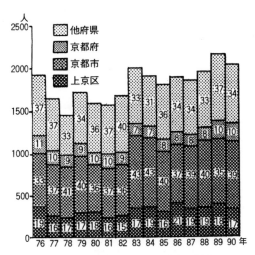

図2-4　西陣地区への転入者数の推移
『京都市の人口動態』により作成。

である。このことは、当地区に比較的近いところからの転入者が増加していることを意味する。第二は、上京区を含めた京都市を前住地とする転入者が、1983年以降増加していることである。比率でみると、1976年から1982年までの平均53.9％に比べて、1983年から1990年までは平均57.8％へと上昇している。この傾向は、京都市の都市の成熟段階と関係がある。京都市では、依然として中心地域の人口密度が高く[7]、中心地域からの転出者は多い。一方、郊外の住宅地が一部含まれる、京都府を前住地とする転入者の動向には、あまり大きな動きは見られない。このことは、郊外の住宅地が成熟する段階に至っておらず、世帯分離の時期にある郊外育ちの若者はさほど多くないことを示している。よって、郊外からの人口回帰よりも都市内での住み替えのほうが、数において勝ると考えられる。第三には、他府県を前住地とする転入者は、転入者総数との関係で、その比率に若干の変動が見られるが、常に30％以上を示していることがあげられる。第三の点は、第一、第二の点に比べて、若干異なる動向を示しているが、この点について明らかにするには、どのような人々が当地区に来住しているのか検討する必要がある。次節では、新規来住者の特性について、いくつかの事例をもとに考察する。

Ⅳ　ジェントリファイアーと住宅の特性

　まず、国勢統計区を単位地域として、職業別就業者の動向を中心に、西陣地区のどこで居住者のホワイトカラー化が最も進行しているのか分析する（表2-2）。1980年から1985年にかけて、専門・技術職が大いに増加する一方で、技能・労務職が大幅に減っているという点で、西陣地区のなかで代表的なのは、小川統計区である。表2-3は、専門・技術職就業者の就業者総数に対する比率の推移を示しているが、これによると、1985年の京都市の専門・技術職就業者率12.6％を凌駕しているのは、西陣地区のなかでは小川統計区のみである。小川統計区では、1970年の4.2％から1985年の13.5％へと大幅に上昇し、特に1980年から1985年までの5年間の比率の上昇が大きい。これらより、

西陣地区のなかで居住者のホワイトカラー化が最も進行している地区は、小川統計区であると考えることができる。

次に、単位地域をさらに狭め、国勢調査の調査区[8]をもとに、その1980年から1985年までの5年間の西陣地区の世帯数の変化を示したのが、図2-5である。調査区を単位地域とすると、職業別就業者に関するデータは時系列的に存在しないので、以下では小川統計区に限定して解明する方法を取る。

小川統計区において、10世帯以上増加しているのは、A、B、C、Dの四つの調査区である。A、C、Dの調査区については、1985年の国勢調査の際、

表2-3 専門・技術職就業者率の推移

年	1970	1975	1980	1985
京都市	8.4	9.3	10.6	12.6
上京区	6.9	8.0	9.1	11.3
西陣地区	5.6	6.3	7.5	9.9
桃 薗	9.8	12.2	10.2	11.3
小 川	4.2	5.9	8.6	13.5
聚 楽	6.4	5.1	6.9	8.8
正 親	3.1	4.3	6.0	8.1
嘉 楽	5.0	6.1	8.5	11.6
乾 隆	4.1	5.2	5.4	6.7
西 陣	7.6	5.6	8.1	9.7

国勢調査（国勢統計区別集計結果）により作成。
注）1970年、1975年は20％抽出集計。

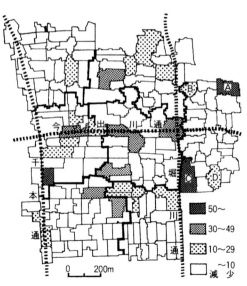

図2-5 世帯数の増加状況（1980～1985年）
国勢調査（調査区別集計結果）により作成。
注）太線は国勢統計区界を示す。

新たに共同住宅の一棟分の調査区が設定されている。A、C、Dの増加世帯数はそれぞれ 52、150、17 であり、そのうち新たに建てられた共同住宅に伴う世帯数の増加分は、それぞれ 50、153、15 である。A、C、Dの調査区における世帯数の増加は、新築共同住宅の居住世帯の増加分にほぼ対応しており、ここでは前者を後者におきかえて検討する（表 2-4）。調査区 B については、調査区の設定変更がなく共同住宅に特定できないため、1980 年から 1985 年の増減について検討する（表 2-5）。

調査区 A の共同住宅は、全戸が 6 畳 1 間の民営借家である（表 2-4）。居住者はすべて単身者であり、その過半数が学生である。

調査区 B では、13 世帯が増加している。表 2-5 より、1 人世帯が 12 増え、通学者が 10 人、1985 年の 20 〜 24 歳の年齢コーホートが 10 人増えていることがわかる。住宅の所有関係では民営借家が 11 増加している。調査区 B の総室数・総畳数の増加分を世帯の増加数 13 で除して得た 1 世帯当たりの室数・畳数は、それぞれ 1.62、4.77 である。これらから、単身者向けの共同住宅が建設されることにより、主として学生の居住者が増加したと考えられる。

C と D の調査区の共同住宅は、C のほうが大規模であるという違いはあるが、全般的に類似している（表 2-4）。2 〜 4 人の世帯が多く、1 世帯当たりの人員は約 3 人である。年齢 5 歳階級

表 2-4　対象調査区の共同住宅と住民の特性

調査区	A	C	D
15 歳以上就業者	23	199	20
	31	26	3
世帯人員別世帯数			
1 人	55	21	3
2 人		43	
3 人		41	7
4 人		40	5
5 人以上		8	
1 世帯当たり			
人　員	1.00	2.82	2.93
室　数	1.00	4.49	4.40
畳　数	6.00	31.61	26.80
住宅の所有関係			
持ち家		144	15
民営借家	55	5	
給与住宅		4	
年齢 5 歳階級			
0 〜 4		50	4
5 〜 9		36	4
10 〜 14		28	4
15 〜 19	4	19	4
20 〜 24	36	12	1
25 〜 29	11	44	2
30 〜 34	2	64	2
35 〜 39	1	57	10
40 〜 44		35	3
45 〜 49		25	1
50 〜 54		16	3
55 〜 59	1	17	3
60 〜 64		14	1
65 〜		14	2

国勢調査（調査区別集計結果）により作成。

では、Cのほうがより特徴的であり、0～4歳と25～39歳のところにピークがある。これらより、居住世帯の多くは、20歳代後半から30歳代後半までの夫婦の2人世帯か、もしくは、1人ないし2人の子どものいる夫婦の3～4人世帯であると推測される。住宅の特性については、1世帯当たりおよそ4.5室であり、Cの一部を除いて大半が持ち家である。

以上の四つの調査区についての考察より、共同住宅の建設による世帯数の増加にはふたつのタイプのあることがわかる。ひとつは、CとDの共同住宅のタイプで、1世帯当たりの人員は2～4人の世帯が多い。居住世帯の大半は核家族であり、1～2人の子どものある世帯がその過半数を占めるが、これは日本独自の特徴であり、海外の事例ではあまり見かけられない[9]。1世帯当たり約4.5室あり、空間的には若干の余裕がみられ、ジェントリファイアーの居住形態に近い。従来、結婚による独立をした世帯は、一時的に賃貸の共同住宅に居住するが、子どもが誕生し世帯規模が大きくなれば、より広い居住空間を求めて、持ち家取得を決意し移転する傾向が強い（由井1987）。西陣地区のこれらの事例では、大半が持ち家であり、すでに子どものある世帯がその過半数を占めていること、また、京都市内を前住地とする当地区への転入者が増加しているという前節の分析結果を考えあわせると、共同住宅への定住傾向が強まっていると推論できる。いまひとつは、AとBにみられるもので、学生の居住者の多い単身者向けの共同住宅のタイプである。この地区は、

表2-5　調査区Bの1980～1985年の増減

		年齢コーホート	
15歳以上就業者	-7		
通学者	10	➡ 0～ 4	3
世帯人員別世帯数		0～ 4 ➡ 5～ 9	-1
1 人	12	5～ 9 ➡ 10～14	-1
2 人	3	10～14 ➡ 15～19	2
3 人	-2	15～19 ➡ 20～24	10
4 人	-1	20～24 ➡ 25～29	-2
5人以上	-1	25～29 ➡ 30～34	-3
住宅の所有関係		30～34 ➡ 35～39	-2
持ち家	1	35～39 ➡ 40～44	-3
民営借家	11	40～44 ➡ 45～49	0
給与住宅	1	45～49 ➡ 50～54	1
1世帯当たり室数	1.62	50～54 ➡ 55～59	1
畳数	4.77	55～59 ➡ 60～64	-1
		60～64 ➡ 65～69	-1
		65～ ➡ 70～	-3

国勢調査（調査区別集計結果）により作成。
注）1世帯当たり室数・畳数は、調査区Bの総室数・総畳数の増加分を世帯の増加数13で除した商である。

表2-6　間借りの1人世帯の推移

	1970	1975	1980	1985
京都市	34,426	31,666	19,515	7,544
上京区	3,453	3,175	2,152	666
西陣地区	734	734	520	158

国勢調査（国勢統計区別集計結果）により作成。

同志社大学に近接しているため、元来学生の居住者が多い。学生の居住形態は変化し、従来一般的であった間借りの居住形態は急減している（表2-6）。多少出費が増えても、システムキッチン・バス付きの共同住宅への入居を希望する者が多いためである。ワンルームタイプの共同住宅は、空間的に余裕のある、典型的なジェントリファイアーの居住様式（倉沢 1983）とは合致しない。とはいえ、このような需要を見越した共同住宅の建設は、家主によるジェントリフィケーションである。そして、それにより居住者が入居するため、その居住者はマージナルなジェントリファイアー（marginal gentrifiers）である（Rose 1984: 65）。前節で他府県からの転入者は、常に転入者総数の30％以上あることを示したが、これはほぼ学生の来住者と推測される。彼・彼女たちは一時的な居住者であるため、人口回帰現象においてもマージナルな位置にあると言わざるをえない。

V 立ち退き

　立ち退きの実態を探るには、自発的なものと強制的なものに区別する必要があるが、それを明確に示す資料は、英米の場合と同様、日本においても存在しない。本稿では、立ち退きの規模や影響について検討するにあたり、次の二点に留意して、従前の土地利用と更新後の土地利用を比較する方法をとる。
　ひとつは、従前の土地利用が、どのような場合に立ち退きとみなすかである。従前の土地利用のうち、専用住宅と、自宅が事業所を兼ねている併用住宅がこれに当たる。そこで、従前の土地利用とは別に、住居の立ち退きを数える。ただし、土地利用がかわったとしても、従前の所有者が、等価交換により更新後の共同住宅に居住する場合があるため、これを除くことにする。もうひとつは、従前の土地利用の時期をいつにするかである。というのも、立ち退きさせられる居住者には、従前の住宅の最後の居住者だけでなく、それ以前の居住者も含まれる（Marcuse 1986: 155-157）からである。さらには、従前の建築物が取り壊され新たに建築物が建てられるまで、漸移的に駐車場や空閑地とされてい

る場合が多い（藤塚 1990: 470-471）ことも考慮しなければならない。そこで、従前の時期を2段階に分けて、直前の土地利用とそれ以前の土地利用の双方について示す。

いま、従前の土地利用について分析する際に指標とするのは、新住民の来住の契機となる、新たに建設された共同住宅である。対象とするのは、現地調査と、1973・1979・1984・1990年の住宅地図により、1979年から1990年までの12年間に建設されたことが識別できたものである。その建設時期については、1983年から人口回帰が盛んになっているというⅢ節の考察結果を参考に、1979年から1983年までの時期と1984年から1990年までの時期に分けて（表2-7）、以下ではそれぞれを前期、後期と呼ぶことにする。

西陣地区において共同住宅の建設が起こるのは、先述のように、繊維工業の生産空間の跡地の存在がひとつの契機となっている。前期に建設された共同住宅の従前の土地利用のうち、繊維関係の事業所が1973年の時点で19.1％を占めていることからも明らかである。ところが、このように繊維関係事業所の跡地に共同住宅が建設される事例は、従前の土地利用全体に占める割合をみると、後期の1979年の時点で15.7％へと低下している。これは、前期にくらべて、後期には繊維関係以外の事業所や住宅のところに、共同住宅が建設される事例が増えているためである。いま、住居の立ち退きについてみると、前期の1973年時点の40件から、後期の1979年時点の115件へと急増しており、立ち退きの頻度が高まっていることがより明確にわかる。

図2-6は、対象としている共同住宅の分布と、その建設の際に立ち退きを伴ったかどうかについて示している。これを見ると、後期の住居の立ち退きを伴うケース39件が、今出川通以南にあることがわかる。そのうちの28件は、西陣地区のなかでも、機業地域というよりは住宅地

表2-7 共同住宅の従前の土地利用

建設の時期	1979〜1983		1984〜1990	
従前の時期	1973	1979	1979	1984
一戸・長屋住宅	24	21	78	69
共同住宅	3	3	5	6
繊維関係事業所	14	10	28	23
その他の事業所	21	17	51	48
駐車場	7	11	7	9
空閑地	4	11	9	23
計	73	73	178	178
住居の立ち退き	40	33	115	96

住宅地図（1973・1979・1984・1990年）に基づき、現地調査により作成。

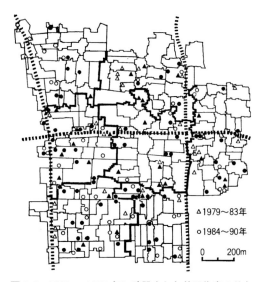

図 2-6　1979〜1990 年に建設された共同住宅の分布
住宅地図（1973・1979・1984・1990 年）に基づき、現地調査により作成。
注）黒ぬりの記号は住居の立ち退きを伴うもの。太線は国勢統計区界を示す。

域としての性格の強い、聚楽、西陣の 2 統計区に集中している。

　つまり、共同住宅の建設は、地域産業である西陣織の工場等事業所の跡地の存在を契機にはじまったが、その後住宅のところにも影響が及ぶようになり、その結果、立ち退きの頻度が高まっているといえる。

VI　おわりに

　本章で研究対象とした京都市西陣地区では、1983 年を境に転入者が著増しており、その大半は京都市内での住み替えによるものである。彼・彼女たちは、主として専門・技術職に従事するホワイトカラーであり、分譲の共同住宅に住み、その世帯の大半は 2〜4 人世帯である。子どものある世帯の含まれる点は日本独自の特徴といえるが、全般的に欧米のジェントリファイアーに近い

特徴を示している。一方、西陣地区へは、常に転入者総数の30％以上が他府県から来住しており、この大半は学生である。従来、学生の多くは下宿に間借りしていたが、学生の居住様式の高級化指向は強くなり、ワンルームタイプの賃貸共同住宅へシフトしている。この需要を見越した共同住宅の建設は、地主によるジェントリフィケーションであり、その居住者はマージナルなジェントリファイアーである。結局、西陣地区への転入者は、京都市内での住み替えによるものか、他府県からの一時滞在者である学生のいずれかが多数を占め、この動向は、京都市全体の真の人口増に結びつくものではない。

　西陣地区で共同住宅の建設が行われる契機となったのは、地域の中心産業である西陣織の生産空間の閉鎖とその跡地の存在である。その後、居住形態の高級化指向、地価高騰の波及により、歴史的な町並み景観に代表される良好なイメージの当地区では、共同住宅の需要がいっそう高まった。この地区の良好なイメージは、地域の中心産業である西陣織によって育まれたものであり、このような一連の動向は、西陣織産業の趨勢ときわめて密接な関係にある。この地区の共同住宅の需要の高まりは、その建設を促進することになり、もはや繊維工業の生産空間の跡地だけでなく、住宅も立ち退きのターゲットとされる。これによって、木造二階建の歴史的な町並み景観が破壊されるだけでなく、地域に根ざした住民が喪失されることになり、歴史的な地域の特性を維持できなくなるおそれがある。

　以上の現象は、欧米のジェントリフィケーションの状況ときわめて近く、当地区でのジェントリフィケーションの兆候であると考えられる。量的な限界や、再活性化の進む地区とそうでない地区との分極化などが表面化する危険性もあり、後の検討が必要となる。

注

1) 物的な側面に限定して考えるならば、香川（1988）が指摘するように、欧米のジェントリフィケーションとの間に差異が存在するが、必ずしもこれは、ジェントリフィケーションの基本的性格を規定する居住者階層の上方変動の可能性を否定するものではない。

2）他にも Lipton（1977）は、郊外から中心への通勤の距離が長い都市において、ジェントリフィケーション発現の可能性が高いと指摘しているが、郊外と中心市を結ぶ鉄道が発達している日本の大都市の場合、通勤距離に比べて通勤時間が短縮されており、決定的な要因ではない。
3）Hamnett（1991:186）は文化的なインナーシティ居住選好を条件に加えている。
4）これは、出機が盛んになり、その織屋の分布が広がったためである。松本（1968）、笹田（1970）と松井（1979）が西陣の地域の範囲について示しており、そのなかでも松井（1979）がそれぞれの範囲を詳しく整理している。
5）本庄（1930）によると、元来西陣とは、東は室町通、南は出水通、西は御前通、北は大宮頭で囲まれる地域を指す。
6）用語としては、stay in the city も含むため、back to the city movement よりも urban reinvasion のほうが望ましいという London（1980）の指摘もある。
7）例えば、1985 年の京都市中京区、下京区の人口密度は、それぞれ 1 km^2 当たり 13,814 人、11,683 人である。
8）国勢調査の調査区は、5 年ごとの国勢調査の際に、50 世帯を基準として、前回の調査区をベースに修正し設定される。図 2-5 では、1980 年と 1985 年を時系列的に考察できるように、区域を若干手直しした。
9）ただし、Kerstein（1990）が Tampa の事例で示したように、有子世帯の転入が多数見受けられる場合もある。

第3章

日本におけるジェントリフィケーションと
近隣変化―京都市を事例に―

I　はじめに

　ジェントリフィケーションは西洋諸国ではよく知られた現象であるが、都市や近隣の変化に多様性のある東洋諸国では十分に解明されたわけではなかった。しかしながら、東アジア諸国、特に日本のインナーシティにおいては、同様の近隣変化の過程を経験してきた。東京のような世界都市は、「フローの空間」内における位置に関わりジェントリフィケーションが起こりうるところとして、グローバルな経済の文脈においてその地位を管理するサービス機能の成長に関わる場として認識されてきた。Cybriwsky（1998）やSassen（1991）は、東京におけるジェントリフィケーションについて、下町やインナーシティにおける伝統的な住宅へ若い専門職の人たちが移住する動きとして特徴づけられると指摘した。

　日本においてジェントリフィケーションに関する情報の収集は容易ではなく、1990年代半ばにおいては、英語文献はきわめて少なく、日本の学術的研究も限られていた。日本の大都市の中で、伝統的な住宅が多く残っている京都を事例として、日本のジェントリフィケーションの特徴を検討する。本章では、ジェントリフィケーションがどのような過程をたどるのか、また西洋諸国の現象と比べてどのような差異があるのかについて検討する。

　東アジア諸国のジェントリフィケーションに通じる都市環境の広義の特徴がいくつかある。第一の特徴は、伝統的住宅である。ここでは、韓国の都市住宅の韓屋と東南アジアのショップハウスを取り上げるが、いずれも小規模で低層

である。韓屋はオンドルとして知られる韓国特有の伝統的な床暖房システムのために、平屋建てである。これらの住宅では、複数の世帯が住むには十分な広さが確保できない。不動産市場の圧力の強い地域では、より裕福な世帯のみに居住可能となる。一方、シンガポールにおけるショップハウスの多くは過密居住となり、取り壊されて、より大きな共同住宅に置き換えられてきた。

　第二の特徴は、建物のデザインに統一性がなく、地価の高コストのために建物の高さと床面積を最大限に設定された、大規模な新しい共同住宅の建設である。このような圧力のために、インナーシティの歴史的景観は失われ、全く変わってしまった。ソウルの「月村」の事例では、歴史的ではあるが衰退した住宅がかつて集まっていたところに、高層共同住宅が建設されてきた。西洋諸国の多くの都市で行われたスラムクリアランスと都市再開発のように、これまでの住民は立ち退きさせられ、再開発の間には一時的に転居させられた。しかしながら、建設工事が終了しても、その住民たちには新しい共同住宅に入居できるだけの経済的余裕はなかったのである（Gelézeau 1997）。これは、再開発が行われる地域では、従前の貧しい住民は立ち退きさせられ、裕福な住民に置き換えられることを示している。東アジア諸国では、より社会的に公正な都市再開発の促進によって、都市政府がジェントリフィケーションの負の側面に注意を払う必要があるところで、市街地の改良政策に注視しつつある中国の事例もある（Qiu 2002）。

　東アジア諸国の第三の特徴は、1980年代以降に伝統的な都市住宅を保全するようになってきたことである。シンガポールのチャイナタウンでは、ショップハウスの多くが取り壊されて、大規模な共同住宅が建てられてきた。しかしながら、1986年に政府は、4地区において伝統的な都市住宅を保全することを決定し、瀟洒な店舗やレストランとして再利用されることとなった。とはいえ、この政策により従前の居住者は立ち退きさせられ、地域のコミュニティを壊す結果となった（Yuan・Yuan 1998）。ソウルでは、市政府は1988年のソウルオリンピック期間中に訪れる外国人観光客向けに、韓屋を保全する政策をはじめた。封建的な上層階級である、両班の居住地であった嘉會洞は保存されたが、その規制が厳格であったため、裕福な人々は住居を維持することをやめ

て地区を去ったため、かえって地区が衰退する結果となった。1994年に高さ規制が10mから16mへ変更されることによって、より高い建築物が可能となり、新たな住民が来住することとなった（金 1997）。このような再開発においては、新たな高層建築物が旧来の建築スタイルに取って代わり、西洋諸国の事例と同様に、地域固有のコミュニティが壊されることとなった。保存運動が進んでいくと、ツーリズムや地域経済の進展と結びつくことが多く、その結果、より裕福な居住者を惹きつける歴史的な住宅の保全を進めることにもなってくる。

Ⅱ　日本のインナーシティの特徴

　日本のインナーシティの状況は、英米都市にみられるものと異なる。東京大都市圏への政治、経済、文化的機能の集中は、インナーシティ問題を抑止しているが、大阪や神戸を含む旧六大都市では、インナーシティ問題が顕在化した（成田 1995）。第二次世界大戦後に建設された住宅地域の物的衰微、経済活動の減少や衰退、人口減少と高齢化社会は、インナーシティに見られる問題である。これらの問題は、札幌や仙台、広島、福岡のような広域中心都市ではあまり顕在化していない。東京では、台東区、墨田区、荒川区、大田区、品川区のような東南部の区において、物的衰微や高齢化といった問題は見受けられる（高橋編 1992）。しかしながら、コミュニティにおける住民の相対的な社会的、経済的均等さのために、問題は深刻でないように捉えられている。たとえば、もしアジア諸国からの新たな移民の数が増えることによって、これらの要因が弱体化するようなことがあれば、東京のインナーシティ問題は顕在化することになる（成田 1999）。

　東京における土地と住宅の深刻な争奪は、1980年代の地価を世界でも最も高い水準に引き上げた（Sassen 1991）。しかしながら、不動産価格は景気後退の間に下落し、抵当の未払い、不良債権の割合を高めた。日本は、約60％の持ち家率であるが、地価の先行き不安から1990年代後半以降この率は減少

してきた（Forrest et al. 2003）。

Ⅲ　伝統的町家の衰退と共同住宅の建設

　日本の伝統的な住宅は1～2階の低層の木造であり、欧米に比べると小規模である。日本の都市の多くは戦災を被り、インナーシティの住宅の多くは第二次世界大戦の間に焼失した。そのなかで京都は他の都市と比べてそれほど大きな戦災は被っていない。表3-1は日本の四つの大都市のインナーシティにおける木造住宅の比率を比較したものであるが、1978年時点では半数以上が戦前の木造住宅であることがわかる。

　しかし、1980年代には再開発のために木造住宅は急減した。1980年代の景気拡大期には中心市街地の不動産への投資が顕著になり、多くの土地や伝統的な住宅は買収され更地にされた。その結果、1978年には京都の戦前の木造住宅は50％以上であったが、20年後には17.0％にまで減少した（表3-1）。共同住宅建設のために多くの伝統的な住宅が壊され、コミュニティが崩壊することになるが、これに介入する施策はほとんどなく、多くの借家人を立ち退きさせる結果になった。神戸の事例（林 1995）では、新たに建設される共同住宅は、都心で働き、駅への近接性を評価するホワイトカラーの来住を惹起した。大阪の事例（難波 2000）では、戦前のインナーシティの住宅を取り壊し

表3-1　日本の大都市インナーシティにおける木造住宅の比率

年		1978	1983	1988	1993	1998
東京	木造住宅	24.0%	18.0	14.7	12.0	10.3
	戦前木造住宅	4.8	3.2	1.9	1.2	0.8
大阪	木造住宅	50.2	47.2	35.1	29.1	27.4
	戦前木造住宅	19.6	15.5	10.6	7.2	5.3
名古屋	木造住宅	50.3	37.1	33.4	25.6	20.0
	戦前木造住宅	28.7	27.7	20.9	19.3	16.2
京都	木造住宅	73.8	67.5	55.7	45.7	40.3
	戦前木造住宅	54.2	44.0	31.9	23.2	17.0

住宅統計調査により作成。
注）東京、大阪、名古屋のインナーシティの範囲は成田（1987）による。

て建設された共同住宅によって住民の入れ替えが起こったが、都心近くで賃借アパートへの居住を選好する子育て前のジェントリファイアーを呼び込んだ。

東京では大規模な再開発が裕福な居住者をウォーターフロント地区に引き付けた（高木 1994, 1996）。1990年代にインナーシティで出現した超高層の共同住宅は裕福な人たちに人気が高い。というのもそれは都心への近接性、高層からの眺望の良さ、高品質の空間と快適性を備えているからである。このような人口回帰現象が公営住宅への来住者を含んだり（矢部 2003）、前の住民の立ち退きを伴わない（園部 2001）ことから、1990年代後半のインナー東京での人口回復現象は欧米のジェントリフィケーションと差異はあるが、これらの大規模な共同住宅の建設によって地域のコミュニティをほぼ全体的に変容する点においては同様である。

このような文脈から判断して、日本におけるジェントリフィケーションはインナーシティにおける居住者階層の上方変動と居住空間の改善として定義しうるのである（藤塚 1994）。

Ⅳ 京都市におけるジェントリフィケーション

日本の中で伝統的な住宅が最も多く残っている大都市は、京都市である。第二次世界大戦前の建物は、老朽化して修復されていないものも多い。一般的に伝統的住宅が多く残る西洋諸国の都市との比較では、京都は適切な事例となる。しかしながら、伝統的な住宅の保全は、あまり重要視されていない。1980年代のジェントリフィケーションを惹起する共同住宅建設による町家の取り壊しに対する施策は不十分であった。本章では、京都を事例として日本におけるジェントリフィケーションの特徴について検討する。

1）1990年代後半の京都市中心部におけるジェントリフィケーション

1990年代後半には都心地域に大規模な人口増加がみられ、特にCBDの近

46　第3章　日本におけるジェントリフィケーションと近隣変化

図 3-1　京都市中心市街地における国勢統計区別人口増減（1995〜2000年）
国勢調査小地域集計結果により作成。

図 3-2　京都市中心市街地における国勢統計区別専門技術職就業者数の増加（1995〜2000年）
国勢調査（小地域集計結果）により作成。

くに位置するいくつかの地区では、人口増加率は10％以上であった（図3-1）。これらの地区では、伝統的な京町家が多数存在していたが、1980年代にはCBDにおけるオフィス空間の需要は大きく、多くの住宅がオフィスビル建設によって破壊されたのである（藤塚1992）。

　人口の社会的構成については、専門・技術職就業者が都心のいくつかの地区で増加しており、そのうちの城巽、龍池、本能、明倫の四つの地区を調査対象として選定した（図3-2）。ジェントリフィケーションの特徴を調査するには、専門・技術職就業者数の推移は有効な指標であり、1995年から2000年までの国勢調査の小地域集計結果を用いて、20人以上専門・技術職就業者数が増加した5つの小地域を調査地域として選定した（図3-3）。ここではまず、1980年代の西陣地区の事例と比較しジェントリフィケーションの背景について検討する。

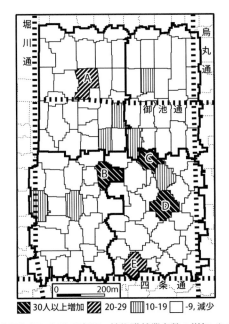

図 3-3　京都市都心部における専門・技術職就業者数の増加（1995 ～ 2000 年）
国勢調査（小地域集計結果）により作成。

2）地価の急落

　1980 年代に建設された近代的な共同住宅の多くは非常に高価であった。共同住宅がしばしば短期的な投機の対象として用いられたのは、地価がバブル期に急上昇したからである。地価は 1990 年代初頭にピークに達し、その後年々下落した。日本のバブル経済の崩壊は、1990 年代前半に不動産取引が低迷したので、ジェントリフィケーションにとっては大きな転機となった。地価が急落したので、多くの土地は 1990 年代には空閑地として放置された。バブル経済崩壊後に、負の投資（disinvestment）が日本の都市のインナーシティで再び顕著になった。

　景気後退は大きく、経済を活性化させるためにも、都市再生が重要な政策になった。共同住宅の建設は規制緩和等により促進され、インナーシティへの新

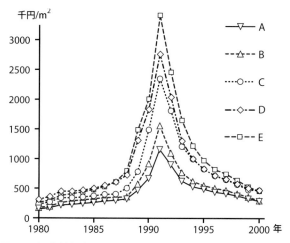

図3-4 調査対象地域における路線価格の変化（1980～2000年）
『路線価設定地域図』により作成。

規来住者が増加した。インナーシティの共同住宅建設増加の主要因は、バブル経済崩壊後の地価の大幅な下落であった。しかしながら、Smith and Deflippis（1999）がニューヨーク市で調査した研究事例と同じように、日本の都市においてジェントリフィケーションは同時期の1990年代半ばに再度出現した。ジェントリフィケーションの2番目の波は、インナーシティの地価の下落と空閑地の存在によって起こったのである。

　路線価格を指標に研究対象地域についてみると、1986年から高騰し、1991年には最高値に達していた（図3-4）。1991年からは急落し、その価格は2000年には1985年の価格にほぼ等しくなり、1991年のおよそ10分の1となった。地価がさらに低くなったので、住み替えのために共同住宅が購入されることもあった。以前にジェントリフィケーションされた不動産に比べて、新たにジェントリフィケーションされた不動産が高くなり、新しいジェントリファイアーがはじめのジェントリファイアーより裕福であるというLees（2000）の調査結果と比べて、後者の価格が前者より低かったという京都の事例は異なっていることがわかる。

3）立ち退き

　1980年代に開発業者は、小さい区画の土地を集めて合併してより大きい区画にした（上野ほか1991）。このような土地の取引が大きな利潤を生んだため、住宅の立ち退きが多くみられた。城巽地区と本能地区には友禅染の工場が多くあるが、1990年代に閉鎖された（表3-2）。その工場は龍池地区と明倫地区に位置する室町通にある呉服問屋と密接な関係にあり、店舗のなかには1990年代に閉鎖されたものもあった。呉服問屋のなかには規模を縮小し、不動産価格が下落したため、その土地を売却したものもある。最悪の場合、破産したものもあり、従業員の寄宿舎さえ不動産売買の対象になった（川端1996）。1990年代には景気後退によりオフィスビルの需要は小さくなり、企業の売却した土地へ共同住宅が建設された。これは、呉服産業と関係のある会社の厳しい経済状態を反映している。

　研究対象とする小地域には七つの新たに建設された共同住宅があった。これらの共同住宅の従前の土地利用（1994年）は11件の住宅、2件の店舗併用住宅、4件の卸売店舗、1件の工場、7件の空閑地と3件の駐車場であった。共同住宅の建設は、統合された敷地の存在によって可能になったのである。共同住宅の需要は1980年代後半に増大したので、住宅の取り壊された場所をも

表3-2　京都市都心部における繊維関係産業の推移（1994～2000年）

	繊維工業	1995	2000	1995-2000	卸売業	1994	1997	1994-1997
京都市	工場数	4,764	3,393	-1,371	店舗数	8,088	7274	-814
	従業者数	23,011	14,747	-8,264	従業者数	88,916	79,689	-9,227
中京区	工場数	844	646	-198	店舗数	1,736	1511	-225
	従業者数	3,924	2,606	-1,318	従業者数	20,328	17,285	-3,043
城巽	工場数	89	77	-12	店舗数	109	91	-18
	従業者数	405	319	-86	従業者数	657	569	-88
龍池	工場数	22	18	-4	店舗数	155	148	-7
	従業者数	76	44	-32	従業者数	2,504	2,216	-288
本能	工場数	88	69	-19	店舗数	103	96	-7
	従業者数	357	242	-115	従業者数	807	750	-57
明倫	工場数	18	13	-5	店舗数	245	208	-37
	従業者数	54	29	-25	従業者数	4,923	3,955	-968

『京都市地域統計要覧』により作成

50　第5節　京都におけるジェントリファイアーの特徴

写真 3-1　京都市中京区における高層共同住宅建設により環境悪化の影響を受ける住宅
（2002年9月15日）

とに建設された。住宅の立ち退きはこの時期に増加した。住宅が立ち退きさせされたところは駐車場として用いられるか、あるいは共同住宅が建設されるまでは空閑地のままであった。

　他方で、新たに建設された高層の共同住宅には問題が派生している。大規模な共同住宅の建設は、隣接する住民に日光、通風と電波受信の障害のような多くの問題を惹起するのである（写真3-1）。新たな建築物が法律上の条件を整えてさえいれば、施主は建築計画について隣接する住民に説明するだけで、高層建築物を建設できる。建築確認申請については、民営化された審査者によって、建築計画を確認した後は、京都市は建築紛争に積極的に関与しないことになり、隣接する住民の権利を守るための方策は失われたのである。

V 京都におけるジェントリファイアーの特徴

　専門・技術職就業者と事務職就業者は研究対象地区の人口増加に含まれるが、そのかわりに労務者は減少している。表3-3はジェントリフィケーションがより広範な人口回帰と関係していることを示している。ここでは国勢調査の小地域別集計結果を用いて、1980年代の西陣地区の事例と比較して、研究対象地域の人口の特性を明らかにする（表3-4）。

　1980年代に西陣地区に来住した人々の大半は都市内での移動であった。1990年代後半の研究対象地域では、京都市内の他区から来住した。京都府からの来住者が少ないことから判断して、郊外からの来住よりも都市内での移動のほうが多い。すなわち、移動のパターンは都市への回帰（back to the city movement）ではなく、都市内での移動（stay in the city）を表しており、これはGale（1980）がワシントンの事例で調査した結果に類似している。

　一戸建住宅や長屋建住宅の供給と比較して、共同住宅の供給の方が大きく、研究対象地域の人口の増加をもたらした。新たな来住者の多くは新しい近代的な共同住宅を選好する傾向がある。住宅の所有関係については、持ち家の共同住宅と賃貸のアパートがある。

　1980年代の事例では、共同住宅の住民は20歳代後半から30歳代の、単身者と若いカップルが多く、カップルの大半は1人ないしは2人の子どもを

表3-3　研究対象地域における職業別就業者数の推移（1995～2000年）

	専門	管理	事務	販売	サービス	労務	その他	総数
中京区	959	-664	36	-519	185	-1584	436	-1151
城巽	103	-39	61	106	56	-55	62	294
龍池	66	-7	27	32	-5	-2	10	121
本能	120	-18	95	15	32	-29	-9	206
明倫	116	-15	67	31	19	-2	-3	213
A	23	-1	36	23	4	-2	13	96
B	36	2	25	29	7	9	0	108
C	41	15	41	23	5	12	0	137
D	20	-3	12	-2	6	1	0	34
E	48	0	34	29	1	6	0	118

国勢調査小地域別集計結果により作成。

表 3-4　ジェントリファイアーの特徴（1995～2000 年）

	A	B	C	D	E		A	B	C	D	E
世帯人員の変化						15 歳以上の通勤・通学者					
1 人	45	56	30	40	33	通勤者	96	118	108	137	34
2 人	27	51	24	40	7	通学者	5	7	9	9	3
3 人	12	10	17	25	-1	年齢 5 歳階級コーホート					
4 人	2	5	7	12	4	出生前 → 0- 4 歳以上	15	16	20	26	9
5 人以上	-1	-1	6	0	1	0- 4 → 5- 9	0	-2	7	10	1
5 年前の常住地						5- 9 → 10-14	-1	2	7	5	4
中京区	29	61	26	27	25	10-14 → 15-19	6	6	7	7	3
京都市	87	95	74	126	33	15-19 → 20-24	7	9	9	18	11
京都府	9	19	12	23	4	20-24 → 25-29	22	47	17	23	6
他府県	40	62	36	55	24	25-29 → 30-34	28	23	26	30	14
住宅の所有関係						30-34 → 35-39	16	29	21	33	8
持ち家	79	122	76	100	28	35-39 → 40-44	12	19	17	22	6
一戸建	-2	3	4	2	3	40-44 → 45-49	15	8	13	16	4
共同住宅	80	118	72	98	25	45-49 → 50-54	13	25	19	19	4
民営借家	1	2	9	18	15	50-54 → 55-59	9	14	10	15	4
一戸建	-1	1	0	0	-1	55-59 → 60-64	3	6	6	8	-1
共同住宅	2	7	9	18	17	60-64 → 65-69	-1	-1	5	4	2
給与住宅	1	-2	0	1	0	65-69 → 70-74	2	2	4	9	-1
住宅の規模						70-74 → 75-79	-2	2	0	4	1
世帯あたり延べ床面積	68.4	71.3	67.5	69.8	49.1	75- → 80-	-6	-2	1	2	-7

国勢調査小地域集計結果により作成。

伴っていた。主な居住者が有子世帯であることは日本のジェントリフィケーションの特徴である。1990 年代の事例では若年者は主な居住者であるが、より高い年齢の住民の数は増加した。単身者と有子世帯を含めて、40 歳以上が多い。

　もうひとつのタイプは、個別の台所と風呂を備えたワンルームの賃貸アパートであり、居住者は主として学生の単身者である。彼・彼女たちが上質化した快適な住宅に住むことを選好するようになり、家主がこのようなアパートを建設したのである。この現象は家主によるジェントリフィケーションであり、その居住者はマージナル・ジェントリファイアー（Rose 1984）と考えられる。1990 年代後半では、民間の賃借住宅が多いことから判断して、小地域 E はその事例であり、2 人ないしはそれ以上の人々が住んでいる共同住宅を含んでいる。アパートの中の部屋の大きさは比較的小さく、その住民の多くが単身者で

あり、大半が10歳代から30歳代前半であった。

　新たに供給される共同住宅への来住によって人口が増加していた。研究対象地域には持ち家の一戸建住宅もあるが、人口増加におけるシェアはそれほど大きくない。1999年より町家倶楽部[1]がインターネットで伝統的な町家に住むことを望む人々に空家を紹介しており、個人のジェントリファイアーの数はそれほど大きくないが、増加してきたのである。

VI　おわりに

　日本でのジェントリフィケーションは西洋諸国よりも遅くはじまったが、都市や近隣において異なる点が多くあるにもかかわらず、欧米の都市における現象の特徴の多くを有している。歴史的な町並みを守るための建築規制の欠如は、欧米では中間階級にとって魅力的とされる多くの伝統的な住宅を、近代的な高層共同住宅に置き換えるという奇妙なジェントリフィケーションをもたらしたのである。これはジェントリフィケーションの審美性について細部にわたる探究が必要といえる。インナーシティにある住宅の大規模な破壊はアジア諸国の都市と類似しており、急激な地価の上昇は日本の特徴である。日本のジェントリフィケーションの特質は、次の三点に示すことができる。

1）ジェントリフィケーションの影響

　ジェントリフィケーションは閉鎖された工場と卸売店舗が存在した場所で、比較的都心に近いいくつかの地区に限定されている。都心から遠く離れた地区では、大規模な共同住宅が建設されておらず、人口増加はあまりみられない。すなわち、ジェントリフィケーションは都心に近くて土地が取得可能であるところに起こるのである。1980年代に比べて、より広範な年齢層と多様なタイプの世帯が都心の共同住宅に移動した。これは、マクロな観点からすると、人口の不均衡を是正する可能性はある。

2）ジェントリフィケーションの形態

　ジェントリフィケーションは共同住宅とアパートの建設によって可視化される。もしこの傾向が継続するなら地域住民、そして伝統的な住宅からなる魅力的な町並みは失われ、この地区の特性が維持できないおそれがある。しかしながら、1990年代から京都では、伝統的な町家が修復され、レストラン、カフェ、ブティックなどのような商業的用途に使われている事例は増加している。西洋諸国の事例では、ジェントリフィケーションは自らの労力によって住宅を再生する個々人のジェントリファイアーによって起こったが、日本の場合はこの点においても異なっている。

　共同住宅の規模は1980年代に比べて1990年代により大きくなったが、その多くは小さな路地を含んだ場所に建設されたのである。小さな路地は京都の都心地域に特有なものであり、路地に面する住宅は独特な歴史的な雰囲気を有している。小さな路地に面したところの地価は比較的低い。それらの大半は袋小路だからである。小さな路地に面する地域は再開発の対象になり、立ち退きが起こったのである。

3）保全の新たな動向

　伝統的な町家とその環境が、京都の独特な住宅様式であるだけでなく、高い価値の貴重な建築遺産として認識されるようになってきた。京都市は、都心のうち主要街路によって囲まれる内側の地域を職住共存地域として指定した。新たな町家様式の住宅や、町家型集合住宅が、個人と公共双方による建設が奨励された（巽ほか編1999）。京都市では、審議会を設置して都心部の歴史的な町並みを保全する方策について検討し（青山編2002）、市民の意見を反映した保全策を実行に移した。

　これらの動向は、町家の環境を保持することに対しては非常に重要である。しかし、ジェントリフィケーションを防いだり、ジェントリフィケーションの悪影響を加減するには十分ではない。

もしジェントリフィケーションが制御されずに継続するなら、京都の都心地域は、その町並みの持つ特有の雰囲気を失い、歴史的に成立したコミュニティを破壊して、まったく異質なものになることは明らかである。経済の回復によりインナーシティの土地と不動産へ大規模な投資が誘発される前に、対策が必要である。

　第3章では、日本のジェントリフィケーションの事例として京都をとりあげた。このようなジェントリフィケーションは、投機的に地価が上昇するときに、多くの地区の物的再構築の一部として予見されうるものであり、そして、このような近隣が観光客への魅力を脅かすまで、地方や国家的な介入のないところで、立ち退きが起こってきている。

注

1）町家倶楽部（http://www.machiya.or.jp　2017年1月8日閲覧）

第4章

ジェントリフィケーション研究の
フロンティア
―2000年代のロンドンの事例を中心に―

I　はじめに

　ジェントリフィケーションは、1964年に発行されたロンドンの変化についての書籍の中で、Glass（1964）が初めて言及した。現象を規定する基本的性格は、まず労働者階級から中間階級への居住者階層の上方変動である。次に、伝統的な建築様式として価値のある住宅は、間取りや内装の改修により復興されるが、老朽化した粗末な住宅は、コンドミニアムなどの高価な住宅に更新されるという、居住空間の改善である（藤塚1994）。

　21世紀に入り、ジェントリフィケーションをめぐる世界の社会経済状況は大きく変わった。1990年代の先進資本主義国における景気後退とその後の復調、東ヨーロッパの旧社会主義国における市場経済への移行、BRICsなど新興工業国の経済規模の拡大など大きな変化がある。

　1990年代半ばの景気後退の局面においては、経済が復調して、ジェントリフィケーションの進展が見られる前に、様々な問題点を克服するために十分対策を練っておく必要があった（藤塚1994）。しかしながら、有効な施策がとられてきた都市は見当たらず、むしろ、1990年代の景気後退を打破するために、積極的にジェントリフィケーションを推進する施策を打ち出してきた国や都市は少なくない。

　本章では、まず21世紀初頭のジェントリフィケーションをめぐる世界の研究動向について概観する。次に、ジェントリフィケーションが最初に報告されたロンドンを事例に、ジェントリフィケーションの発現地域の変化と現象の変

質と発生要因について検討する。

II　21世紀のジェントリフィケーションの研究動向

1）ジェントリフィケーション研究の増加と学問分野

　研究テーマとしてのジェントリフィケーションは、地理学だけでなく、伝統的な学問分野では人類学や経済学、社会学、比較的新しい分野では都市学や住宅学、人口学など様々な分野で研究が進められてきた。いずれかの学問分野だけで、ジェントリフィケーションの研究動向の全容を把握することは困難である。

　そこで本章では、世界的な文献検索サイトであるスコーパスを利用した。ここでは、題目、または、キーワード、要旨にジェントリフィケーションが含まれる論文について調べた。スコーパスでは、英語、ドイツ語、フランス語、スペイン語、ポルトガル語などの欧米系言語の論文だけでなく、英語の題目・キーワード・要旨のある、日本語も含めた各国語の論文が収録されている。スコーパスの検索（2011年1月18日閲覧）では、ジェントリフィケーションに関する論文の総数は802本であった。

　図4-1は、ジェントリフィケーションが含まれる論文数の推移である。

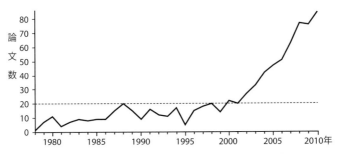

図4-1　ジェントリフィケーションに関する論文数の推移
スコーパス（2011年1月18日閲覧）により作成。

1980年代後半には20本近くまで論文数は増えたが、初期のジェントリフィケーションの研究は単行本に所収されたものが多く、それらはスコーパスの検索対象外であった。

　1990年代には世界的な景気の後退があり、ジェントリフィケーションが緩やかになった。カナダのインナーシティでの所得の変化を検討したBourne（1993）は、ベビーブームの終わりにより潜在的な若者のジェントリファイアーは少なくなることと、企業のダウンサイジングと景気後退はサービス業就業者の増加を抑制することから、ジェントリフィケーション向きの近隣や住宅の供給はすみやかには行われなくなると指摘した。

　これに対しBadcock（1995）は、1990年代のオーストラリアにおけるインナーシティの住宅開発を分析して、オーストラリアの都市においては郊外の内縁部にあるテラスハウスの需要に回復があること、高学歴者は増加しておりインナーエリアではDINKsの割合が高いこと、増加する女性労働者と子どものいない世帯における居住地選択の広がりが住宅需要の下支えをしていることから、オーストラリアの住宅市場には当てはまらないと反論した。その後、世界各地での発現に関する研究報告によりジェントリフィケーションの消滅は否定されてきた。景気後退によりジェントリフィケーションの失速した1990年代半ばには論文数は減少したが、21世紀に入りジェントリフィケーション研究は急増した。

　21世紀のジェントリフィケーション研究の増加について、論文の掲載雑誌の学問分野のうち、論文数が10本以上のものを分析した（図4-2）。ジェントリフィケーション研究は伝統的な学問分野では地理学が中心であったが、21世紀になると都市学や計画学、住宅学、社会学における研究論文が増加した。都市学の学術雑誌とは、*Urban Studies* や *International Journal of Urban and Regional Research*、*Urban Affairs Review* などである。社会学者や経済学者のなかには、ジェントリフィケーション研究を行っている者は少なくないが、彼・彼女たちの研究成果の大半は、都市学や計画学、住宅学などの学術雑誌に掲載されている。これらの学問分野の学術雑誌には、地理学者の研究論文も掲載されている。地理学の学術誌におけるジェントリフィケーション研究の成果

Ⅱ　21世紀のジェントリフィケーションの研究動向　59

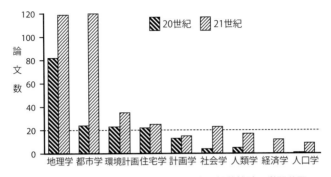

図 4-2　ジェントリフィケーション研究の掲載雑誌の学問分野
スコーパス（2011年1月18日閲覧）により作成。

が少なくなってきたのは、新たな学際的分野の研究成果の拡大により相対的に低下したことと、多様な学術雑誌へ分散して掲載されることにより、特定の学術雑誌への掲載が進まなかったためである。

　21世紀のジェントリフィケーション研究の論文数は、地理学が119本、都市学が121本と拮抗している。表4-1は21世紀の地理学と都市学のジェントリフィケーションの研究論文を主な研究対象ごとにまとめたものである。

　地理学と都市学でともに多いものは、新築のジェントリフィケーション（Davidson and Lees 2005, Visser and Kotze 2008）や都市プロジェクト（Vicario and Monje 2003, Wilson and Mueller 2004）と、新自由主義に関するもの（Smith 2002, Zimmerman 2008）である。いずれも都市再生の施策に関するもので、学問分野にかかわらず、関心の高いテーマと言える。両分野ともほぼ同数なのは、反ジェントリフィケーション（Hackworth 2002, Chatterton and Pickerill 2010）、近隣変化（Butler and Robson 2001, Doucet 2010）、グローバリゼーション（Rofe 2001, Davidson 2007）である。これらについてはニューヨークやロンドンの事例研究が多く、本稿ではロンドンを対象として検討する。地理学のみに多いのは、村落のジェントリフィケーション（Phillips 2002）であるが、このテーマは都市学の学術雑誌にはなじまないため、地理学に多いのである。地理学の方に多いテーマとしては、ジェン

表4-1 2000年代のジェントリフィケーション研究論文の主な研究対象

主な研究対象	地理学	都市学	計
新築のジェントリフィケーション,都市プロジェクト,政府主導のジェントリフィケーション,都心居住,再都市化	11	12	23
新自由主義,都市政策	9	13	22
立ち退き	3	15	18
階級,ジェントリファイアー	4	13	17
村落のジェントリフィケーション,地方都市	13	2	15
エスニシティ,セグリゲーション,人種,黒人のジェントリフィケーション	5	10	15
反ジェントリフィケーション,報復都市,ホームレス,公共空間,権利	7	7	14
ジェンダー,開放都市	9	2	11
旧社会主義都市	8	3	11
地代格差,再投資,フロンティア	8	3	11
近隣変化,ジェントリフィケーションの過程,段階	5	6	11
芸術,創造都市	3	7	10
ジェントリフィケーションの地理学	5	4	9
グローバリゼーション,世界都市	5	4	9
分析,モデル	2	7	9
分極化,ソシアルミックス	4	3	7
スーパージェントリフィケーション,ジェントリフィケーションの波	4	3	7
商業のジェントリフィケーション,ツーリズム	4	1	5
展望	1	4	5
景観	4	0	4
移住	3	1	4
文化資本,文化地理,新植民地主義	2	1	3
合計	119	121	240

スコーパス(2011年1月18日閲覧)により作成。

ダー(Kern 2007)、旧社会主義都市(Bernt et al. 2010)、地代格差(Porter 2010)、商業のジェントリフィケーション(Bridge and Dowling 2001)と景観(Walker and Fortmann 2003)である。ジェンダーと景観のテーマは、都市地理学の研究動向を分析した阿部の観点では、「都市で」ジェントリフィケーションに関連して研究したものといえる(阿部 2007)。

地理学よりも都市学に特に多いテーマとしては、立ち退き(Atkinson 2000a)、階級(Hamnett 2003)、エスニシティ(Murdie and Teixeira 2011)である。これらは、ジェントリフィケーションのテーマとしては早くから論じられてきており、社会学をはじめ多くの学問分野から研究され、学際的な議論が進んでいる。例えば、Atkinsonはロンドンの立ち退きについて詳しく研究した都市社会学者であるが、その研究成果は社会学以外の学術雑誌に所収され

ている（Atkinson 2000b, 2000c）。

2）ジェントリフィケーション研究のフロンティア

　ジェントリフィケーションについて掲載された新聞記事の件数を調べたLees et al.（2008）は、新聞のタイトル、見出し、キーワードにジェントリフィケーションの含まれる記事数の推移を示した。1986年以降が示されているが、特に1999年から増加し、なかでもヨーロッパのニュースの件数が増加している。21世紀になると、アジア・太平洋のニュースの件数が増えており、英語圏諸国だけでなく、ヨーロッパやアジア・太平洋地域においてもジェントリフィケーションは注目されている。

　ジェントリフィケーションに関する研究対象都市について、論文の初出年を調べて図4-3に示した。ジェントリフィケーションが発現するのは初出論文より以前ではあるが、ジェントリフィケーションの拡散する状況についての検討は可能である。

　1970年代までは、ジェントリフィケーションの研究対象都市は、ロンドン（Hamnett 1973）とフィラデルフィア（Smith 1979a）、ボストン（Auger 1979）、ニューオリンズ（Laska and Spain 1979）であった。1980年代になると、アメリカ合衆国の北東部（Couington and Taylor 1989）から中西部（Clark 1985）にかけての都市と、カナダ（Mills 1988）、オーストラリア（Cole 1985）の都市、ヨーロッパでは、パリ（Kain 1981）、ニュルンベルク（Wießner 1988）、マルメ（Clark 1988）において研究成果がみられた。

　1990年代には、ヨーロッパではオランダ（Musterd and van der Ven 1991）やドイツ（Dangschat 1991）に多くなるとともに、東ヨーロッパのプラハ（Sýkora 1999）とブダペスト（Kovács 1998）にみられた。東欧諸国では社会主義体制からの転換があり、ジェントリフィケーションが起こったのである。また、東アジアでは京都（藤塚1992）、ソウル（Gelézeau 1997）、広州（Wu 1997）、南アフリカのケープタウン（Garside 1993）、ヨハネスバーグ（Steinberg et al. 1992）、ラテンアメリカではプエブラ（Jones and Varley

62　第4章　ジェントリフィケーション研究のフロンティア

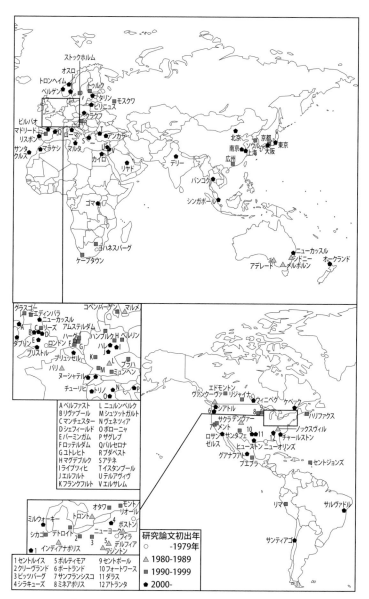

図4-3　ジェントリフィケーション研究論文のある都市の分布と初出年代
スコーパス（2011年1月18日閲覧）により作成。

1999)、セントジョンズ（Thomas 1991）、リマ（Ward 1993）において研究事例がある。

2000年代になると、北アフリカ（Fahmi and Sutton 2002）やアジア（He 2007）や南アメリカ（Lopez-Morales 2010）の都市の研究事例がみられるようになった。第三世界の都市においては、歴史遺産を対象としたツーリズムの進展に伴い、ジェントリフィケーションの発現が報告されているもの（Nobre 2002）もある。

ジェントリフィケーションは、都市階層をほとばしるように降りて行く（Atkinson and Bridge 2005）、すなわち、ロンドンやニューヨークといった世界都市だけでなく、中小都市においてもジェントリフィケーションが起こる。とはいえ、ジェントリフィケーションはいつも単純に大都市から地方都市に都市階層を下るとは限らない(Lees 2006, 2012)。グローバルからナショナルへ、ナショナルからシティへ、シティからネイバーフッドへというような影響はある。グローバリゼーションは国家の政策に影響を与え、その都市政策はジェントリフィケーションに影響する。

次節では、最も早くにジェントリフィケーションが報告されたロンドンを事例に、発現地域に変化はみられるのか、グローバリゼーションを受けて現象がどのように変質したのか、どのような発現要因によるのか、これらの三点について検討する。

Ⅲ 2000年代のロンドンの変化

1）発現地域の変化

1964年のGlassの報告には、現象の拡がりについての記述があり、イズリントン、パディントン、ノースケンジントン、ノッティングヒル、バターシーまでと、テムズ川の北にも南にも拡がっており、イーストエンドは対象外であると記されている（Glass 1964）。

64　第4章　ジェントリフィケーション研究のフロンティア

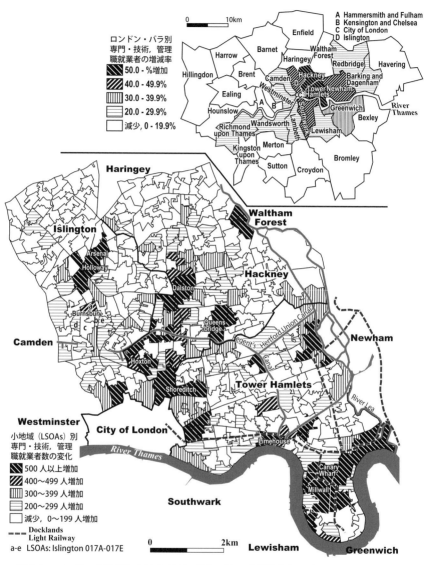

図 4-4　ロンドン北東部における専門・技術，管理職就業者数の変化（2001 〜 2011 年）
National Statistics により作成。

2001年から2011年にかけての専門・技術，管理職就業者数について，ロンドンのバラごとに増減率をみると、初期にジェントリフィケーションの起こったイズリントンでは45.2%増加し、東部のタワーハムレッツでは77.4%増加し、ハクニーにおいては61.4%増加した（図4-4）。Glassの報告では、ジェントリフィケーションはイーストエンドでは起こらないとされたが、2000年代にはロンドン北東部においてジェントリフィケーションが起こったのである（藤塚2014b）。

2）現象の変質

1990年代半ば以降、ジェントリフィケーションは大きく変容した（藤塚2014a）。もはや非現実的な狭い住宅市場の特異さに関するものではなく、都市中心部の景観に関する最先端の居住による階級の再建である（Smith N. 1996）。以前に来住したジェントリファイアーとは属性の異なる人々によるスーパージェントリフィケーションが、ニューヨーク市のブルックリンハイツにおいて報告されている（Lees 2003）。ブルックリンハイツは、ダウンタウンへのブルックリン橋の開通により、早くから住宅地として開発され、19世紀初頭の建築様式の建物が保存されており、平均所得はきわめて高い（藤塚2007a）。Lees（2003）の調査によると、スーパージェントリファイアーは近隣関係にも参加せず、歴史的建造物が保全されている近隣の状況にもあまり関心は高くない。20年前にこの地域へやって来た裕福な中年の医師は、多くのヤッピーがやって来たことで、コミュニティは希薄な関係になったという。

最も早くにジェントリフィケーションが起こったイズリントンのバーンズベリーにおいては、もはや社会的な立ち退きを伴うジェントリフィケーションは続いていない（Butler and Lees 2006）。この点については、バーンズベリーの平均住宅価格を検討した（図4-5）。小地域別の抽出結果であるため、個々の物件の価格に大きく左右されることを考慮に入れても、2005年以降平均住宅価格は大きく上昇したことがわかる。バーンズベリーの周囲には、東にアッパー通、西にカレドニアン通があり、アッパー通に瀟洒な店舗やレストランが

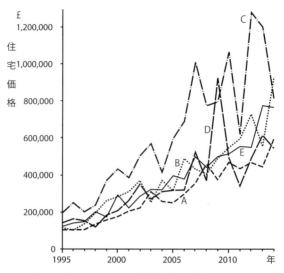

図 4-5　バーンズベリーにおける住宅価格の推移（1995 ～ 2014 年）
Modelled household income estimates により作成。
注）25% 抽出。A-E は、図 4-4 中の LSOAs の Islington017A-017E に対応する。

集まる一方で、カレドニアン通付近は労働者階級の住宅地をもとにして、双方は特徴の異なるものであったが、Butler with Robson（2003）の調査ではカレドニアン通において大きな変化が示された。図 4-5 においても、アッパー通を含む 017E とカレドニアン通を含む 017D の住宅価格は、双方ともに上昇傾向にあり、017D が最も高い値を示した年もあった。もともとのジェントリフィケーションとは異なり、スーパージェントリフィケーションは当地区において継続していることが明らかである。

　写真 4-1 は 2011 年にバーンズベリーで撮影したものであり、改修している住宅を売りに出していた。当地区では、急激に住宅価格が上昇し、もっとより裕福な人たちが移り住んできており、調査対象者は新しい人たちとは親しくなく、新しい人たちはコミュニティに少しも入ろうとせず、コミュニティでは不在であるという（Butler and Lees 2006）。これは、ニューヨークのブルックリンハイツの事例と同じ状況である。

写真 4-1　バーンズベリーにおける修復中の伝統的住宅（2012 年 3 月 26 日）

　現象の変質については、ジェントリフィケーションの循環的発現から分析されるとともに、2000 年代以降は新築のジェントリフィケーションが注目される。新築のジェントリフィケーションは、工場跡地や放棄された土地、住宅以外の建物が取り壊されたところに新たに建設されたものであるため、居住者の立ち退きは伴わず、侵入と遷移の観点には適合しない。新築のジェントリフィケーションとは、資本の再投資と高所得者による地域の居住者階層の上方変動、景観の変化、低所得の周辺住民の直接的・間接的な立ち退きを伴うものである（Davidson and Lees 2005）。シティの近くやテムズ川の近くで安価な住宅の価格の上昇が起こっており、アフォーダブルな住宅の供給が問題となりつつある（藤塚 2013）。

3）発現の要因

　小地域（LSOAs）のデータをもとに、2001 年から 2011 年までの専門・技術、管理職就業者数の増減をみたものが図 4-4 である。500 人以上増加の分

布について検討すると、次の三点がわかる。一点めは、増加したところが多いのはシティの近くである。二点めは、テムズ川が大きく蛇行したアイルオブドッグズのところである。三点めは、内陸部に分散していることである。河川と運河、小河川と専門・技術，管理職就業者数の 500 人以上増加したところの関係をみると、これらの地区の多くはドックや運河などの水域に面していることがわかる。

写真 4-2 は、ハクニーのクイーンズブリッジ地区で撮影したものである。この場所はリージェンツ運河に面しており、運河にはハウスボートが停泊している。左側には、ガス工場の跡地があり、右側には倉庫をコンバージョンして改装した住宅がある。運河沿いには、水運を利用した、電気やガスのエネルギー関連工場や木材関連業が集まっていた。

ロンドンでは、テムズ川を中心にリー川をはじめとした小河川と、内陸部へ通じる運河が産業活動にとって重要な役割を果たしてきた。水運がすたれたため、水路に面していた、製材所や木材関連業や食品製造業などの産業活動が失

写真 4-2　クイーンスブリッジにおけるリージェンツ運河沿いのガス工場跡地と修復された住宅（2014 年 1 月 29 日）

われ、それらの工場などの跡地は、永らく使われないまま放置されてきた。ロンドンプラン（リビングストン編，2005）では、水に恵まれたロンドンの特性を見直し、これらの水路の再生とともに、水路沿いの低・未利用地を再利用することを目標とした。これはブルーリボンネットワークとして示され、その4原則は、良好なデザインと複合利用、川へのアクセスと公共空間の創出、適度な建物の規模である。水路に面したところに、これまでにはない奇抜なデザインの建築物は増えた（樋口 2010）。

しかしながら、テムズ川や水路沿いへの民間共同住宅の建設は、川沿いの空間を私有地化しており、周囲のコミュニティとの間にセグリゲーションを生じる（Davidson 2009）こととなり、「ブルーリボンネットワーク」構想の実現に十分寄与しているとはいえない（藤塚 2014b）。

IV おわりに

本章ではまず、21世紀初頭のジェントリフィケーション研究の動向について展望した。21世紀に入りジェントリフィケーション研究の論文数が飛躍的に増大し、特に都市学における研究論文が増加した。その背景にはジェントリフィケーションを契機に都市再生を目論む都市政策の策定があり、その影響を研究する論文の増加である。研究事例があるのは、欧米諸国だけではなく、社会主義後の東ヨーロッパや、東アジア、南アメリカの都市である。

次に、ロンドンの事例を中心に検討した結果、次の三点が明らかになった。第一は、ジェントリフィケーションのフロンティアが移動してきたことである。1960年代半ばにはジェントリフィケーションが起こるとは想定されていなかったロンドン東部において、2000年代には専門・技術，管理職就業者が大きく増加した。第二は、ジェントリフィケーションの現象が変質してきたことである。最も早くにジェントリフィケーションの起こったイズリントンのバーンズベリーでは、グローバリゼーションの影響を受けて、これまでの来住者とは異なる社会的属性の人々が来住する、スーパージェントリフィケーションの

進行が確認された。また、テムズ川沿いの地区では、新築のジェントリフィケーションが大きな影響を及ぼしつつあった。第三は、ジェントリフィケーションへの都市政策の影響である。タワーハムレッツではロンドンドックランズの開発の影響が大きいが、ハクニーでは小河川や運河沿いの地区で専門・技術，管理職が大きく増加した。これは、ロンドンプランのブルーリボンネットワーク計画の影響が大きい。

　本章では2000年代までの研究動向を明らかにしたが、2010年代になると、ジェントリフィケーション研究の蓄積は、さらにアジアと南アメリカの都市に拡大してきた（Lees et al. eds. 2015）。また、中心市から村落あるいは郊外のジェントリフィケーションへ、大都市圏の都市から地方都市へ、世界都市から新たに現れる世界都市へジェントリフィケーションがどのように移るのか検討する必要がある（Lees 2012）。

第5章

ロンドンのテムズ川沿岸における
新築のジェントリフィケーション

I　はじめに

　ジェントリフィケーションが明らかにされたのは、ロンドンの近隣変化に関する Glass（1964）の報告が最初である。そのなかで、労働者階級の居住地へ新中間階級が来住し、住宅の価格は暴騰し、この過程によって元来住んでいた労働者階級は立ち退きをさせられ、地区全体の社会的性格は変容することが述べられている。

　この現象を規定する基本的性格はふたつあり、ひとつは労働者階級から新中間階級への居住者階層の上方変動である。いまひとつは、伝統的な建築様式として価値のある住宅は間取りや内装の改修により復興されるが、老朽化した粗末な住宅はコンドミニアムなどの高価な住宅に更新されるという、居住空間の改善である（藤塚 1994）。

　従来型の過程のジェントリフィケーションは、中間階級の住居として以前の低所得者の住宅を再生することであった。ジェントリフィケーションと再開発は異なるものとされてきた（Smith 1979b）。Glass（1964）による報告から半世紀が過ぎ、ジェントリフィケーションをめぐる状況は大きく変わってきた。世界各地で報告されているジェントリフィケーションは、ロンドンの伝統的住宅とは異なる様式の住宅において起こっている。

　従来型の過程のジェントリフィケーションを狭い定義とした Ley（1996）は、社会的変化を強調し、ジェントリフィケーションは従前の非住宅地域の中間階級向けの住宅開発と同様に、再生（renovation）と再開発（redevelopment）

の双方を含むものとした。Smith N.（1996）は、ジェントリフィケーションはもはや狭い住宅市場の空想的な奇妙さについてのものではなく、最先端の居住による都市中心部の景観に関する階級の再形成である、と考え方をあらためた。このようにジェントリフィケーションのとらえ方が変わってきた背景には、ジェントリフィケーションの変質がある。

ジェントリフィケーションの変質にかかわり、ジェントリフィケーション研究の中で 21 世紀にはいり注目されてきたテーマは、新築のジェントリフィケーション（new-build gentrification）である。新築のジェントリフィケーションとは、工場跡地や放棄された土地、住宅以外の建物が取り壊されたところに住宅が新築されたものであるため、直接的な居住者の立ち退きは伴わない。Davidson and Lees（2005）によれば、新築のジェントリフィケーションは、資本の再投資と、高所得者の来住による地域の居住者階層の上方変動、景観の変化、低所得の周辺住民の間接的な立ち退きを伴う。

インナーシティにおける新築の住宅開発は、ジェントリフィケーションの形態ではないとして、そのかわりに再都市化の用語が使われることがある。Butler（2007）は、ロンドンのドックランズにあるゲーテッドコミュニティに来住した居住者は、社会的にミックスされたインナーシティの環境をおそれており、これは郊外的特性であるため、この現象はジェントリフィケーションではなく再都市化であるとした。この点について Davidson and Lees(2005)は、ニューヨーク市のブルックリンハイツにおける、ジェントリフィケーションが既に進行した近隣に来住したスーパージェントリファイアーの考え方（Lees 2003）と差異がないと指摘した。Butler（2007）の示した再都市化は新築の住宅開発であり景観の変化を含んでいるが、新築のジェントリフィケーションの論点のうち地域の居住者階層の上方変動と間接的な立ち退きについては、再都市化には必ずしも含まれないと考えられる。この点について本章は、ドックランズに近接するウリッジを事例としてとりあげて検証する。

本章では、Davidson and Lees（2005）によって新築のジェントリフィケーションの事例として示された、ロンドンのテムズ川沿岸を対象地域とする。まず、2000 年代の統計を用いて、地域の居住者階層の上方変動について検

証する。次に、現地調査によって景観の変化を確認する。新築のジェントリフィケーションの論点のうち資本の再投資については、地域の居住者階層の上方変動と景観の変化から確認できるため、本章では節を設けない。新築のジェントリフィケーションにおいて間接的に起こる立ち退きについては、地域への経済的・社会的影響の観点から考察する。

II 地域の居住者階層の上方変動

　図5-1は、ロンドンの行政区であるバラ別に2001年の専門・技術，管理職の比率を示したものである。ロンドン大都市圏の専門・技術，管理職の比率は49.8%である。シティが77.4%と最も高く、シティより西部に60.0%以上のバラが続いている。シティより東部には、1980年代にエンタープライズゾーンに指定され、税の減免や規制の緩和によって民間活力を導入して再開発が進められてきたロンドンドックランズがある。ドックランズ地域を含むタワーハ

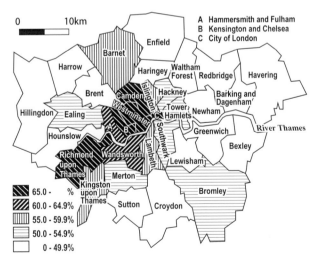

図5-1　ロンドンにおける専門・技術，管理職就業者比率（2001年）
National Statisticsにより作成。

ムレッツでは専門・技術, 管理職の比率は52.6%、サザックでは50.0%であった。本章はテムズ川沿いのバラを研究対象としており、比率の高い西部のウォンズワース（64.3%）と、相対的に比率の低い東部のルイシャム（46.8%）、グリニッジ（42.9%）をとりあげる。

バラでは近隣で起こるジェントリフィケーションを調べる単位地区として大きいので、小地域統計を用いて高所得世帯による地域の居住者階層の上方変動について検討する。図5-2は、週当たり世帯総所得の2004年度から2007年度までの4年間の変化を示したものである。シティや、ウエストミンスターでは、この3年間に250ポンド以上増加したところがある。西部のテムズ川沿いでは、ウォンズワースにおいて世帯総所得の増加した地区が続いている。これは、テムズ川沿岸における共同住宅開発により、高所得の居住者が来住したためと考えられる。

ドックランズの再開発の効果が最も顕著なのは、アイルオブドッグズである。カナリーウォーフにおけるオフィスビルの開発とともに、ライトレールも整備され交通至便となった。テムズ川北岸では住宅地開発が行われ、裕福な居住者が来住したため、週当たり世帯総所得では200ポンド以上増加したのである。

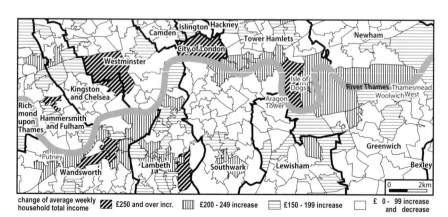

図5-2　週あたり世帯総所得の変化（2004～2007年）
MSOA Atlasにより作成。

III テムズ川沿岸における景観の変化　75

　一方、アイルオブドッグズ対岸のルイシャムでは、世帯総所得の増加も大きくない。テムズ川の下流南岸にあるグリニッジのウリッジでは、週当たり世帯総所得は180ポンド増加した。これは、新たに開発された共同住宅への裕福な来住者によるものと考えられる。

　本章では、テムズ川沿岸において、週当たり世帯総所得が増加した地区として西部のウォンズワース、地区への影響を考察するため、週当たり世帯総所得の増加は大きくないが、東部のルイシャムとウリッジ、テムズメッド西を研究対象地域とする。

III　テムズ川沿岸における景観の変化

　ロンドン西部のウォンズワースのプトニーには、戸建住宅、棟割り住宅、テラスハウスからなる低層の住宅地がある（図5-3）。ここでは、テラスハウスを修復再利用する、従来型の過程のジェントリフィケーションがみられた（写真5-1）。写真5-2は、ウォンズワースのプトニー埠頭近くに、新築された共同住宅である。写真中央には、従来型の過程のジェントリフィケーションにより修復されたテラスハウスがある。

　ウォンズワースのテムズ川沿岸には、1834年設立の石炭を用いて合成ガスをつくる工場と、その隣に石炭を利用するセメント工場があった。これらの工場は、テムズ川沿いの水運を立地条件としていた。図5-3のウォンズワース橋のところにセメント工場は立地している。ガス工場は1990年代には空

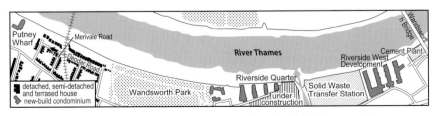

図5-3　ウォンズワース区におけるテムズ川南岸の土地利用（2012年）

76　第5章　ロンドンのテムズ川沿岸における新築のジェントリフィケーション

写真 5-1　ウォンズワースにおける修復中のテラスハウス（2012年3月25日）
Merivale Road にて撮影。

写真 5-2　プトニーにおける修復されたテラスハウスと新築の高層共同住宅
（2012年3月25日）
Deodar Road にて撮影。

Ⅲ　テムズ川沿岸における景観の変化　77

写真5-3　ウォンズワースにおける新築の共同住宅と廃棄物処理施設のクレーン
（2012年3月25日）
Wandsworth Bridge にて撮影。

閑地となったが、写真5-3の左に見えるリバーサイド西開発によって467戸のはいった4棟の共同住宅が建設され、高収入の居住者を引きつけたのである（森 2012）。

　テムズ川沿いに立地していた工場や倉庫は、輸送手段の変化により閉鎖されて、土地利用は大きく変化した。ブラウンフィールドや空閑地、放棄された土地から高層共同住宅へと、地域の景観は変化したのである。

　東部のルイシャムにあるアラゴンタワーは、1962年に大ロンドン市当局によって建設された144戸の公共住宅であった。テムズ川に面して、西はシティから、川を挟んで北にロンドンドックランズ、東にはグリニッジが見える眺望に恵まれた。財政難に陥ったルイシャム当局は、2002年にこの共同住宅を1000万ポンド（約13億円）を超える額で、民間の住宅開発業者に売却した。フラットを増築して29階建てとなり、建物の屋上には、14のペントハウスがつくられた（写真5-4）。これらは2004年10月に23〜30万ポン

写真5-4 ルイシャムにおける最上部に増築された共同住宅（2012年3月25日）

ドで売り出され、そのうち10戸は売り出しから3時間で売買契約が完了した（Lonsdale 2004）。

　アラゴンタワーの事例は、従来型の過程でジェントリフィケーションされる、ジョージ・アン様式やビクトリア様式の歴史的な住宅を対象としたものではなく、従前の建築的な美しさに焦点を当てたものでもない。この事例は、従来型の過程のジェントリフィケーションと新築のジェントリフィケーションとを含むため、ジェントリフィケーションのハイブリッド（gentrification hybrid）として示された（Davidson and Lees 2010）。

　テムズ川下流のウリッジには、かつての王立兵器工廠（Royal Arsenal）がある。これは300年前につくられた工場であり、大英帝国の発展とその支配権を守る重要な役割を果たした。王立兵器工廠の建物は、バロック建築特有の美しさから、歴史的なランドマークとなっている。2000年代には、民間の住宅開発業者がこれらの建物を住宅へと改築した（写真5-5）。隣接する区画にある別の建物（写真5-6）では、伝統的な住宅の外観は保たれているが、上に新しい住宅と建物の背後にエレベータが設置され、それにつながる廊下も鉄骨

Ⅲ　テムズ川沿岸における景観の変化　79

写真 5-5　ウリッジにおけるゲートで管理された共同住宅（2012年3月25日）

写真 5-6　ウリッジにおける外壁を保存して増築された共同住宅（2012年3月25日）

80　第 5 章　ロンドンのテムズ川沿岸における新築のジェントリフィケーション

写真 5-7　ウリッジにおける外壁の一部をレンガ風にした新築の共同住宅
（2012 年 3 月 25 日）

写真 5-8　テムズメッド西における高層共同住宅群（2012 年 3 月 25 日）

で増築されたのである。

　これらの兵器工廠の建物に隣接した敷地に、ウリッジの共同住宅が建てられた（写真5-7）。これは新築であるが、建物の外観の一部は、兵器工廠のような色調のタイルが使われている。共同住宅の中庭には噴水もある。写真5-7の左端に見える白い建物はテムズメッド西の高層共同住宅群であり、1990年代から開発が進められた。これらはウリッジに隣接したところにあるが、歴史的建築物への景観的な調和は見られない（写真5-8）。

Ⅳ　立ち退き

　直接的な立ち退きには、家賃をつりあげる経済的立ち退きと、暖房を入れなくするといった物的な立ち退きがある。間接的な立ち退きは、近隣に住んでいた友人の全てがいなくなり、商店が閉鎖されて他の顧客のための新しい店にとってかわり、公共施設や交通パターンと支援サービスも変更されて、地域がますます住みにくくなり、立ち退きの圧力が厳しくなり、立ち退きも時間の問題となることである（Marcuse 1986）。すなわち、ジェントリフィケーションに伴い起こる立ち退きは、空間的に離れる契機以上のものである（Davidson and Lees 2010）。多くの労働者階級の住民は、社会的ネットワーク、住宅市場とサービスの変容を通して深刻な立ち退きを被るのである。

　ウォンズワースにおいて新しく開業したスーパーマーケットでは、高級品を扱っているため、この店舗にはあまり行かないという地域住民の話がある。一方、この店舗は、新たに開発された共同住宅の住民には歓迎されているという（Davidson 2008）。

　他方、ウォンズワースでは、リバーサイド西開発（図5-3）の住民グループが自治体に対して、隣接する廃棄物処理場（Solid Waste Transfer Station）を閉鎖するように陳情した（Davidson 2008）。写真5-3に見えるクレーンが施設の一部である。この施設は、長く当地にあり騒音と悪臭を出してきたが、そのことが施設の閉鎖へと開発者側の住民を団結させたのである。

ルイシャムのアラゴンタワーでは、ルイシャム当局によって従前の低所得者の住民が立ち退きさせられた後に、増築工事が行われた。従来型の過程のジェントリフィケーションにより、建物の古い雰囲気を一掃して、新しい建物に生まれ変わらせた。中間所得の持ち家の居住者が来住し、建物にはゲートが設けられ、住民と車を守るために保安要員が配置された（Davidson and Lees 2010）。

　従前のアラゴンタワーの住民の話では、2002年に2ベッドルームのフラットの定期貸借権を5万ポンド以下で購入し、売却時には18万ポンドと評価され大きな利潤を得たが、改築後に市場価格は23万ポンドまで値上がりしており、住んでいたフラットを買い戻すことはできなかったという（Lonsdale 2004）。従来型の過程のジェントリフィケーションが立ち退きを誘発するのと同じ方法で、当局は立ち退きさせたのである。

　グリニッジのウリッジでは、旧王立兵器工廠を改築した共同住宅は、住民とその関係者以外は立ち入ることができないゲーテッドコミュニティとされた（写真5-5）。それぞれの建物の間にも、関係のない人が入れないように、柵とゲートが設けられている。テムズメッド西にある共同住宅群（写真5-8）も、ゲートで囲われている。地元の住民は車で通ることはあっても、これらの住宅の中に入ったことはないという（Davidson and Lees 2010）。地域の居住者との交流はゲートによって阻まれ、地域社会におけるソーシャルミックスの実現には程遠いのが現実である。

　王立兵器工廠リバーサイド開発の広告の中では、地理的な位置をシティやドックランズとの相対的関係が東上空から撮影した航空写真によって強調される一方、周辺地域にある施設のことは示されていない（Davidson 2007）。テムズメッドの住民の話では、近くの商店を使うことはなく、3マイル離れた所まで買い物に行くという（Davidson 2007）。いずれについても共同住宅の住民と周辺地域と間には、大きな隔たりのあることがわかる。

　次に、ジェントリフィケーションによる地域のアフォーダブルな住宅への影響をみるために、住宅価格を四分割した下側中央値の2005年から2009年までの変化を図5-4に示した。シティよりも西には60,000ポンド以上上昇した

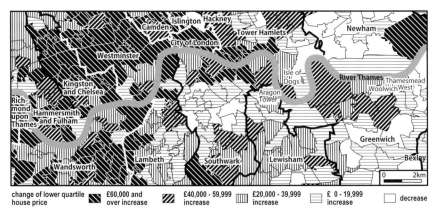

図 5-4　住宅価格の下側四分位中央値の変化（2005 ～ 2009 年）
MSOA Atlas により作成。

地区が多く、低価格の住宅の割合が減少したことがわかる。シティより東の地域は、ロンドンのなかでも手の届く価格帯の住宅の残されたところであった。ウリッジでは、2005 年に 167,400 ポンド（1 ポンドが 126 円として約 2115 万円）であったが、2009 年には 205,000 ポンド（約 2591 万円）に上昇した。近隣における増改築や新築の共同住宅の供給が影響したのである。

　テムズ川沿いのジェントリフィケーションの進行した地区では住宅価格が 20,000 ポンド上昇したが、近接する地域ではそれを上回り 40,000 ポンド上昇した。新築の共同住宅の供給は、周辺の住宅価格を押し上げたのである。その結果、家賃の上昇を引き起こし、この地域に住めなくなったという人たちも多い。不動産価格が徐々に上がり、そこでは低所得者が不動産の取得や、利用ができなくなる「排除の立ち退き」（Marcuse 1986）が起こったのである。

V　おわりに

　本章では、ジェントリフィケーションの変質にかかわり、テムズ川沿岸における新築のジェントリフィケーションについて検討した。なかにはアラゴンタ

ワーのように、従来型の過程とともに新築のジェントリフィケーションを含む、ジェントリフィケーションのハイブリッドの事例もあった。

　地域の居住者階層の上方変動についてみると、ウォンズワース、ウリッジにおいて世帯総所得の増加が大きかった。これは、テムズ川沿岸において新たに開発された共同住宅へ裕福な居住者が来住したためと考えられる。

　景観の変化について、プトニーでは従来型の過程のジェントリフィケーションである低層のテラスハウスの修復再利用は見られたが、テムズ川沿岸に低層の町並みを凌駕する高層共同住宅が開発された。景観に調和しない高層共同住宅の出現は、京都の事例（Fujitsuka 2005）のように、低層の伝統的住宅からなる町並み景観の破壊が将来的には問題となるであろう。ウリッジでは、歴史的建築物の改築により建物前面を残しており、隣接した敷地に建設されたタイル張りの新築の共同住宅もあったが、壁面の色調は歴史的建築物への配慮がなされていた。

　新築のジェントリフィケーションの地域への影響については、ウォンズワースでは裕福な来住者向けの商業施設が開業するとともに、共同住宅の居住者から隣接の廃棄物処理施設の閉鎖の要望が出されるなどの問題が生じている。低価格の住宅への影響についてみると、ウォンズワースにおいて価格の上昇が大きい。手の届く価格の住宅の残されたロンドン東部において、テムズ川南岸では価格の上昇がみられた。低所得者が不動産の取得や利用ができなくなる「排除の立ち退き」が起こっていると考えられる。

　本章で研究対象とした地区では、居住者階層の上方変動とともに、間接的な立ち退きが確認されたため、これらの現象は単なる再都市化の過程にとどまるものではなく、新築のジェントリフィケーションとして考える方が妥当であろう。

第6章

ニューヨーク市ブルックリン北部における
ジェントリフィケーション—2000年代の変化—

I はじめに

　ニューヨーク市におけるジェントリフィケーションは、マンハッタンを中心に進行してきた。たとえば、ダウンタウン近くのソーホー（SoHo）には、かつては縫製工場が集中していた。それらの工場の移転後の建物を、ロフト建築として芸術家がアトリエに活用した。1970年以前にロフトに移り住んだアーティスト、職人、芸人、写真家たちもジェントリフィケーションの犠牲となった（Zukin 1982）。1980年代には、ソーホーの東に位置する、ロウアーイーストサイド（Lower East Side）もジェントリフィケーションのフロンティアとなった（Smith et al. 1989）。

　1990年代には、ジェントリフィケーションの勢いは一時的に衰えたが、その後ジェントリフィケーションは再び現れた（Lees and Bondi 1995）。ロウアーイーストサイドでは、失地回復を目指してジェントリフィケーションが進み、Smith N.（1996）はこれを報復都市と呼んだ。2000年代になると、ジェントリフィケーションはさらに拡大し、マンハッタンからイースト川を渡って、ブルックリンやクィーンズへと拡大した。このような地域的拡大についてHackworth and Smith（2001）は、地代格差の移動で説明した。2000年代になると、国家的、あるいは、地球規模の資本主義市場と結び付いてジェントリフィケーションが進行する第4段階に位置付けられるという、新しい段階説が提示された。2000年代の第4段階は、投資家への税の削減といったアメリカ合衆国の政策との結びつきが指摘され（Lees et al. 2008）、都市政策が現象

の進行に大きく影響した。

　本章では、ジェントリフィケーションが拡大してきているブルックリン北部を対象に、2000年代の政策的影響を中心に検討する。本章の目的は、次の四点である。第一に、マンハッタン南部とブルックリン北部におけるジェントリフィケーションの進行状況を比較し、ブルックリンにおける変化を検証する。第二に、ジェントリフィケーションは、都市のイノベーション・成長を促進するはずの多様性とクリエイティビティを脅かし続けており（Florida 2002）、ブルックリン北部において進展する創造的活動への影響を検討する。第三に、都市再生を促す政策について、その効果の広がりを検討するとともに、地域住民から懸念されていたジェントリフィケーションの対策について検証する。第四に、新築のジェントリフィケーション（new-build gentrification）は地域住民を立ち退きさせることが報告されている（Davidson and Lees 2005, 2010）が、地域住民へどのような社会的影響があったのか考察する。

Ⅱ　ブルックリン北部におけるジェントリフィケーションの拡大

1）初期のジェントリフィケーション

　まず、統計的にジェントリフィケーションがどのように進行してきたのか確認する。図6-1は、コミュニティ・ディストリクトを単位地区として、2000年の専門・管理関連職就業者率を示したものである。マンハッタンでは、ダウンタウンをはじめ、ソーホー、ウエストビレッジにおいてその率が70%を超えた。ブルックリンでは、パークスロープ（Park Slope）、ブルックリンハイツ（Brooklyn Heights）、ダンボ（DUMBO）において、70%を超えた。これらの三地区について、ジェントリフィケーションの状況を検討する。

　パークスロープでは、かつてアイルランド系とイタリア系移民労働者が集住した（Lees 1994）。公園に通じる坂があり、褐色砂岩のテラスハウスの多い住宅地である（写真6-1）。パークスロープは、1970年代初期のニューヨー

Ⅱ　ブルックリン北部におけるジェントリフィケーションの拡大　87

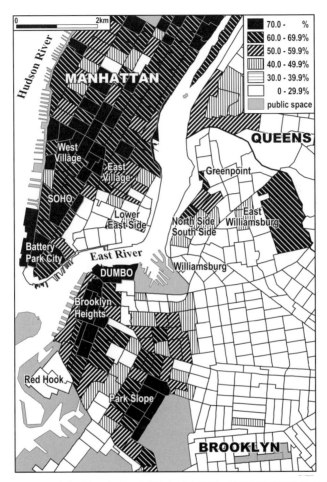

図6-1　ニューヨーク市ブルックリン北部における専門，管理関連職就業者率（2000年）
U. S. Census Bureau, 2000 Census により作成。

クの経済危機の影響を被り、建物は所有者から放棄され、空室率は1976年にピークに達した。歴史的建造物への税の軽減だけでなく、建物の修復や維持に税の軽減がなされた。当地のジェントリフィケーションは1987年にピークに達した。その後、修復された住宅は過剰供給のレベルに達したために、ジェントリフィケーションはスローダウンした（Lees and Bondi 1995）。地

写真6-1　パークスロープにおけるテラスハウス（2012年2月29日）

区の落ち着いた雰囲気は高く評価され、ファミリー世帯の居住者が多くなった。

　ブルックリンハイツは、イースト川（East River）対岸のマンハッタンのダウンタウンに近く、ブルックリン橋の開通により住宅地として開発されてきた。ブルックリンハイツは、歴史的建築物保存地区に指定され、19世紀初頭の建築様式の建物が保存されている（写真6-2）。より裕福なジェントリファイアーの来住する、スーパージェントリフィケーションの進行が確認されており、周辺の地域に比べて平均所得は高い（藤塚 2007a）。スーパージェントリファイアーは近隣関係にも参加せず、歴史的建築物が保全されている近隣の状況にもあまり関心は高くない（Lees 2003）。

　ダンボはブルックリン橋とマンハッタン橋の下に広がる地区で、その名称はDown Under the Manhattan Bridge Overpassの省略形である。かつてはイースト川に面した倉庫街であったが、倉庫を修復したレストランやカフェなどが多くなってきた（Hackworth 2002）。レストランや店舗に改装する動きに呼応して、アーティストたちがやってきた。地区には、かつての線路跡が残って

Ⅱ　ブルックリン北部におけるジェントリフィケーションの拡大　89

写真 6-2　ブルックリンハイツにおいて修復される歴史的建築物（2012 年 2 月 28 日）

写真 6-3　DUMBO におけるブライダル写真の撮影（2012 年 2 月 28 日）

いる。写真6-3では、ブルックリン橋を背景としてブライダル用に撮影しており、地区の景観が注目されていることがわかる。

2）ジェントリフィケーションの変化

　ここでは、ジェントリフィケーションが2000年代にどのように変わったのか検討する。職業階層について時系列的に把握できるデータは2010年のセンサスでは集計されていないため、2010年のアメリカコミュニティ調査により、近隣を単位地区として管理、業務、科学、芸術職就業者率を示した（図6-2）。マンハッタン南部には70%を超えた地区はなく、ブルックリンではブルックリンハイツのみである。パークスロープからレッドフック（Red Hook）にかけての地区では、60%を超えている（図6-2）。

　ブルックリンのこれらの地区の再生には、国際的な経済の影響がある。イギリスのテレグラフ紙に掲載された、「ニューヨークの不動産戦争でブルックリンは招く」というタイトルの記事（Martin 2007）によると、ニューヨーク市の大手不動産業者の顧客の30～40%は外国人の購入者で、なかでもイギリスからの人たちが多数を占めている。これは、ドル安により、1ポンド当たり2ドルとなり、イギリス人にとっては割安感があるためである。マンハッタンに比べて、ブルックリン中心部では、3、4階の低層の建物が中心で、コミュニティの感覚がヨーロッパ人には魅力的に映るという。ジェントリフィケーションの進む地区の物件を、新しいニューヨーク（new New York）として紹介している。マンハッタンでは、住宅価格が急騰し、それに比べてブルックリンでは35%程度安くなっており、マンハッタンでは個性的なレストランやカフェが魅力であったが、それもジェントリフィケーションの進行に伴いコンドミニアムに置きかえられ、むしろ、ブルックリン中心部の方が、魅力あるレストランやカフェ、デリカテッセンが多く、新しい住宅地として適当な場所だと、テレグラフ紙では紹介された（Martin 2007）。

　図6-2において注目したいのは、ブルックリンでは、ノースサイド・サウスサイドとイーストブルックリンとグリーンポイントにおいて、管理、業務、科

II ブルックリン北部におけるジェントリフィケーションの拡大　91

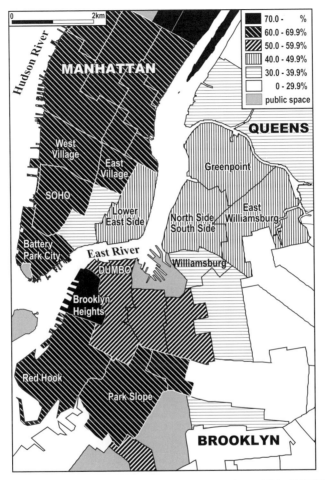

図6-2　ニューヨーク市ブルックリン北部における管理，業務，科学，芸術職就業者率
（2010年）
The American Community Survey により作成。

学、芸術職就業者率が40%を超えたことである。統計上、ウイリアムズバーグはウイリアムズバーグ、ノースサイド・サウスサイド、イーストウイリアムズバーグに細分されている。マンハッタンにおいてジェントリフィケーションが進行し、家賃が上昇したため、ウイリアムズバーグには芸術家や音楽家など

が移り、創造的活動の中心となってきたためである。次節では、ウイリアムズバーグにおける創造的活動の展開について検討する。

III　ウィリアムズバーグにおける創造的活動

　ニューヨーク市における芸術的生産の中心は、1880～1920年代と1950年代のグリニッジビレッジから、1960・1970年代のソーホーへ移り、1970・1980年代のイーストビレッジへとマンハッタン南部で移動した。その後の1990年代には、イースト川対岸のウィリアムズバーグ（Williamsburg）に移り、2000年代にはイーストウィリアムズバーグとブッシュウィック（Bushwick）に移ってきた（Zukin and Braslow 2011）。
　ウィリアムズバーグのイースト川沿いには、水運を立地条件とした工場や倉庫が多くあった。これらの産業は、陸上交通への転換といった立地条件の変化によって衰退し、工場や倉庫の多くが閉鎖され、建物は使われないままであった。このような建物に注目して、マンハッタン南部から移ってきたのがアーティストたちであった。1990年代には、アーティスト、作家、グラフィックデザイナー、家具製造業者、新しいメディアのプロデューサーの数は、ウィリアムズバーグ、パークスロープ、ダンボで急増した（Zukin 2009）。ウイリアムズバーグでは、ロフト建築のアパートへのコンバージョンと、工場を取り壊して、高層共同住宅に置き換える再開発がある（Curran 2007）。
　マンハッタン南部ではジェントリフィケーションが進行したため、家賃が上昇し、多くの芸術家がイースト川対岸のウイリアムズバーグへ移住した。旧工場がアトリエに再利用され、多くの芸術家が居住するようになった。写真6-4は、ノースサイドにおいて、壁面アートを制作しているところであり、当地ではこのような作品が多数みられる。
　ウイリアムズバーグは、音楽シーンにおいても注目されており、かつての倉庫を改装し、2007年にはノースサイドに音楽ホール（写真6-5）がつくられた（Sisario 2007）。土曜日に開催される会は、新進気鋭の音楽家の登龍門となっ

III　ウィリアムズバーグにおける創造的活動　93

写真6-4　ウィリアムズバーグにおける壁面アートの制作（2012年2月29日）

写真6-5　ノースサイドにある倉庫を改造した音楽ホール（2012年2月29日）

ている。

写真6-6はビール醸造所であり、屋根の上には木製の給水タンクがある。木製の給水タンクは、ウイリアムズバーグにある工場で生産されており、ポーランドからの移民労働者が操業を継承した（折原2002）。ビールの醸造は、かつてドイツ系移民によって伝えられたが、禁酒法によりビール工場はなくなった。この工場にはレストラン・バーが併設されており、注目のスポットとなっている。醸造所がこの地につくられたのはこの100年間においてはじめてで、かつてはニューヨーク北部で醸造し、ブッシュウィックから出荷していた。ブッシュウィックでは、犯罪や荒廃した住宅、工場があり、日没後に運転手たちがトラックを運転することを怖がっていたため、配達用に倉庫をウィリアムズバーグで借りたのがきっかけで、1990年代半ばに醸造所をニューヨーク北部からノースサイドに移転したのである（Zukin 2009）。

地区における工業的景観と、ジェントリファイアーのための空間とを接合させた好例が、ブルックリンインダストリーである（Patch 2004）。写真6-7は、スケートボードやヒップホップのアパレル商品を扱うブティックであるが、店

写真6-6　ノースサイドにあるビール醸造所（2012年2月29日）

写真 6-7　サウスサイドにあるブルックリンインダストリーの店舗（2013 年 3 月 5 日）

の看板にあるシンボルマークには、木製のタンクと地区の工業景観が描かれている（Curran 2010）。

　歴史的な建造物を利用した、多様な創造的活動は確認されたが、低廉な家賃の物件の存在がアーティストを惹きつけた要因であり、この点については留意する必要がある。

Ⅳ　ゾーニングの変更

　2000 年代のジェントリフィケーションでは、政府の支援策により、大規模な開発が起こった（Lees et al. 2008）。ブルックリンにおけるジェントリフィケーションに大きな影響を与えたのは、産業構造の変化により衰退していたイースト川沿いの地区を再生させようとするニューヨーク市の政策である（Bloomberg and Doctoroff 2005）。工業地域として指定されていたイースト川沿いの地区では、ウォーターフロントに公園や、住宅が建設できるよう

にゾーニングが変更された。2005年にはゾーニングを変更する[1]とともに、中間所得層対象の住宅を供給する計画区域をウォーターフロント地区と高台（Upland）地区に設定した（図6-3）。

高台地区では、許容容積率は、ボーナスによって2.7から3.6に引き上げられた。高台地区においては、中低層の住宅地区から高層共同住宅の建設が可能

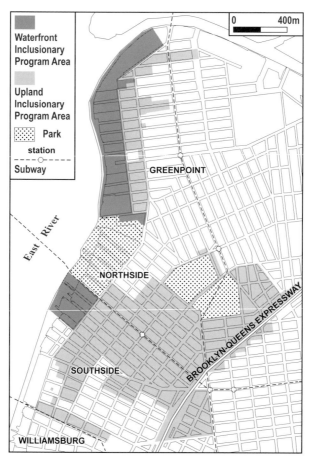

図6-3　グリーンポイント・ウィリアムズバーグにおける建築規制緩和地区
Bloomberg and Doctoroff（2005）による。

になるように、ゾーニングが変更されるとともに、容積率が緩和された。ウォーターフロント地区では、容積率がより高く設定された。

　低所得者対象の住宅を含めた開発の場合には、容積率が割り増しされるとともに、高さ規制も緩和される（Bloomberg and Doctoroff 2005）。床面積の20〜25％分のアフォーダブルな住宅を供給すれば、容積率は、3.7から4.7へ緩和されるとともに、高さも33階建のところが、40階建が建設可能となった。写真6-8は、高台地区で建設された高層住宅であり、周囲の建物よりも高いことがわかる。

　写真6-9は、イースト川沿いに、規制緩和によって建てられた超高層共同住宅である。イースト川沿いの埠頭からは、マンハッタン行きのリバーボートが出ており、水上交通により都心と近接している。

　図6-4は、超高層共同住宅ノースサイドピアーズ（Northside Piers）の2013年11月5日の235戸の住宅販売価格を示している。建物の最上階にはペントハウスが設けられ、その価格は200万ドルを越えている。この住宅は、マンハッタンの景観を売りにしている（写真6-10）。この超高層共同住宅には

写真6-8　ノースサイドに建設された高層住宅（2012年2月19日）

98　第6章　ニューヨーク市ブルックリン北部におけるジェントリフィケーション

写真 6-9　ノースサイドに建設された超高層住宅（2013年3月5日）

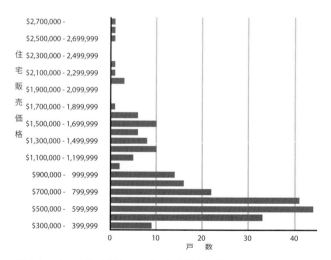

図 6-4　ノースサイドピアーズの住宅販売価格（2013年11月5日）
　　　　Real Estate, *The New York Times* により作成。

Ⅳ　ゾーニングの変更　99

写真 6-10　ノースサイドピアーズの広告（2013 年 3 月 5 日）

　アフォーダブルな住宅も含まれているが、住宅最低価格においても 30 万ドルは超えている。
　賃貸住宅は同じ建物に含まれているが、高価な住宅の部分とは建物の入り口が異なり、賃貸住宅への入り口にはドアマンもいない。一方、より高価な住宅部分への入り口にはドアマンが立っており、共用のプールもある。賃貸居住者は、そのプールを使うことはできず、同じ共同住宅に住んでいても、日常的に格差を意識することになる（Buckley 2011）。
　ゾーニングの変更は、ウィリアムズバーグからグリーンポイントのイースト川沿いの地区で行われた。ノースサイドの北とグリーンポイントの間のブッシュウィックの入り江（Bushwick Inlet）の周辺は公園に指定された（図 6-3）。グリーンポイント西部のイースト川沿いのところには、写真 6-11 に示されているように、大規模な駐車場や、閉鎖された工場と使われていない倉庫などが多い。2013 年 3 月の現地調査では、グリーンポイントの高台地区では、ゾーニングの変更による共同住宅が新築されていたが、ウォーターフロント地区ではゾーニング変更の効果は見られなかった。

写真6-11　グリーンポイントのイースト川沿いに広がる駐車場（2013年3月7日）

V　立ち退き

　ここでは、ジェントリフィケーションの社会的影響について検討する。ジェントリフィケーションによる最も大きな問題は立ち退きの惹起である（藤塚1994）。新築のジェントリフィケーションにおいても、不動産市場からの締め出しや、近隣商店街の変化による社会的排除などから、周辺住民への影響がある（Davidson and Lees 2005, 2010）。

　1989～2002年のニューヨーク市の地域別データを分析したNewman and Wyly（2006）によると、賃借人の立ち退きは、ウイリアムズバーグ・グリーンポイントで15.6％と最も高かった。ウイリアムズバーグには工場が集積していたが、産業構造の変化により地区の空洞化が進んでいた。当地区ではジェントリフィケーションによる工場の立ち退きも問題となっている（Curran and Hanson 2005）。

　ブルックリン住民のエスニシティは多様である。サウスサイドにはハシッ

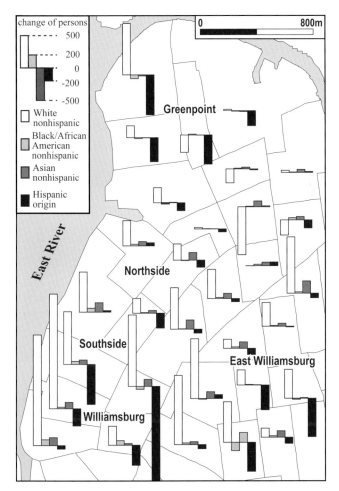

図 6-5　ニューヨーク市ブルックリン北部におけるエスニシティの変化（2000-2010 年）
NYC Department of Planning, *Census FactFinder* により作成。

ド派のユダヤ人が多く（Patch 2004）、イーストウィリアムズバーグにはイタリア系住民が多く、グリーンポイントにはポーランド系住民が多い（Krase 2005, DeSena 2009）。ヒスパニック以外の白人人口についてセンサストラクト別に変化をみると、サウスサイドとグリーンポイントの北西部において

500人以上の増加があった（藤塚2014a）。本章では、2000～2010年のエスニシティの変化について、エスニシティ別に検討する（図6-5）。

ヒスパニック以外の白人は、サウスサイドからイーストウィリアムズバーグにかけての地域で著しく増加した。アフリカ系アメリカ人の変化は大きくなく、ブルックリン北部での影響は大きくない。アジア系住民は漸増した。ジェントリファイアーによる需要の増加から、ある中華料理店は14年間で労働者を3倍に増やしており（Curran 2010）、ヒスパニック以外の白人の増加にはこのような影響もある。

サウスサイドにはプエルトリコからの移民が多く、地区の道路上にはプエルトリコの旗が架けられている（写真6-12）。図6-5より、サウスサイドでは、ヒスパニック以外の白人が著しく増加する一方で、ヒスパニック系住民の減少がきわめて大きい。これは、経済的立場の弱いヒスパニックの人たちの立ち退きを意味している。グリーンポイントでは、1950年代初めにプエルトリコとドミニカからの移民があった（Stabrowski 2014）が、彼・彼女たちもジェントリフィケーションによって立ち退きさせられたのである。

写真6-12　サウスサイドの住宅に架かるプエルトリコの旗（2013年3月6日）

VI おわりに

　本章では、2000年代のブルックリンにおけるジェントリフィケーションの変化について検証した結果、次の四点が明らかになった。

　第一に、マンハッタンとブルックリンについて比較すると、1990年代のマンハッタンではウエストビレッジとソーホー、ブルックリンではパークスロープ、ブルックリンハイツ、ダンボにおいてジェントリフィケーションが進行していた。2000年代になると、スーパージェントリフィケーションの進行したブルックリンハイツにおいて特に影響が顕著であった。ウィリアムズバーグとグリーンポイントにおいて、ジェントリフィケーションの進行が確認された。

　第二に、マンハッタン南部では、ジェントリフィケーションの進行により家賃が上昇し、芸術家や音楽家の多くはブルックリン北部へと移った。芸術的生産は1990年代からウィリアムズバーグが中心的となり、歴史的建造物を利用するアーティストが現れたり、倉庫を改装した音楽ホールがつくられたりした。ウィリアムズバーグにはビール醸造所が移転し、地区の工業景観をモチーフにしたブランド商品が開発されるなど、多様な創造的活動は確認されたが、家賃上昇による創造的活動への影響は大きくなるであろう。

　第三に、イースト川沿いの工場や倉庫の移転した後の低・未利用地の再利用のため、2005年に工業地区から住宅・近隣商業地区へのゾーニングの変更が行われた。ゾーニングの変更は、ノースサイドのウォーターフロント地区において大きな効果はあったが、グリーンポイントにおける低・未利用地の活用は進んでいなかった。アフォーダブルな住宅を供給すれば容積率のボーナスが得られたが、同一の建物で全く異なるサービスがなされるなど、住民の格差を顕在化させた。

　第四に、規模の大きな開発は地域の住民構成を大きく変えることとなり、特にサウスサイドとグリーンポイントのヒスパニック住民を立ち退きさせる結果となった。

　交通の便利な内陸部において、新築のジェントリフィケーションの進行することが考えられる。アフォーダブルな住宅が供給されるとしても、住宅価格は

低くはなく、ジェントリフィケーションから経済的に弱い立場の住民を守る手立ては十分ではない。エスニシティの多様性や、低層の歴史的建築物の存在から、ブルックリンが注目されてきたのであるが、巨大な新築の建造物の出現は、物理的にも社会的にも地区に大きな影響を与えるであろう。

注

1）Greenpoint-Williamsburg rezoning final environmental impact statement.（http://www.nyc.gov/html/dcp/html/greenpointwill/eis.shtml　2014 年 11 月 20 日閲覧）

第7章

景気後退後の東京都中央区における
新築のジェントリフィケーション

I　はじめに

　先進資本主義国では、1990年代に景気後退があり、ジェントリフィケーションは一時的に失速した。1980年代に起こったジェントリフィケーションと、景気後退後のジェントリフィケーションとでは、発現地域が異なる。ニューヨークでは、1980年代には都心のダウンタウン近くで発現した（Smith et al. 1989）が、1990年代には都心から離れた地域にもみられた（Hackworth 2001, Hackworth and Smith 2001）。京都では、1980年代には都心から離れた西陣地区で見られた（藤塚1992）が、1990年代後半には都心近くで起こった（Fujitsuka 2005）。これらから明らかなように、その状況には差異がある。

　1980年代の景気拡大期には、日本の大都市においては、地価上昇への期待から多くの不動産が投機的に取引され、居住者の立ち退きが頻発した。1990年代半ば以降は、地価の下落が著しくなり、都市中心部では開発されないままの低・未利用地の存在が大きくなっていった。地価の変動は、ジェントリフィケーションの発現要因のひとつである。また、都市中心部に残る低・未利用地の活用は、都市政府にとって重要な問題となった。テムズ川沿岸（6章）や、ブルックリン（7章）においては、低・未利用地の再利用を促進する政策がとられた。21世紀に入りジェントリフィケーションの多発する要因のひとつに、政府の積極的な支援がある。ニューヨーク市の事例では、工業地域から住宅建設を可能にする用途地域の変更により、大規模なコンドミニアムの建設が

可能となった（藤塚 2015）。日本の大都市においても、2002 年以降都市再生政策が展開され、その影響から東京中心部で新築のジェントリフィケーション（Lützeler 2008）が進行することになった。

東京中心部では、1990 年代後半に人口増加が著しくなった（矢部 2003, Shimizu 2004）。この時期の東京の人口回復について宮澤・阿部（2005）は、隅田川右岸地域においてホワイトカラー上層が増えていることを提示し、中高層共同住宅の林立による既存住民の住環境の悪化や、既存の地域コミュニティとの不和などの問題が増加していることを指摘した。

本章ではまず、1980 年代前半と 2000 年代前半の東京特別区部における発現地域について比較考察する。次に、地価の変動がどのような影響を及ぼしたのか、どのような都市政策がとられたのか検討する。さらに、発現地域における周辺環境への影響について検証する。

II 東京特別区部における発現地域の変化

ここでは、専門・技術，管理職就業者数の変化を指標として、1980 年代前半と 2000 年代前半の東京特別区部におけるジェントリフィケーションの動向について検討する（図 7-1）。

東京では、1980 年代に地価が高騰したため、多くの区で人口が急減した。一方、銀行や証券会社などの金融機関は東京都心部へ移転した（今野 1993, 石井 1997）。1980 年から 1985 年までの間に、東京特別区部の就業者総数は 149,037 人増加し、増加率は 3.5% であった。産業構造の変化によって、ホワイトカラーが増加した。1980 年代前半に東京特別区部では、専門・技術，管理職就業者は 82,862 人増加し、千代田区と北区以外の全ての区で増加した。特に西側の区で増加したが、江東区の増加率が 29.0% と東京特別区部のなかでは最も高かった（図 7-1）。

江東区には縦横に運河があり、産業を支える重要な水路として機能してきた。工場や倉庫、貯木場が運河沿いに立地していた。1980 年代には水運は衰退し、産業構造の変化もあり、多くの工場や倉庫は閉鎖された。貯木場は沖合に移転

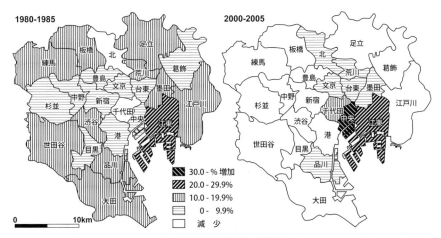

図 7-1 東京特別区部における専門・技術, 管理職就業者増減率（1980～1985, 2000～2005 年）
国勢調査により作成。

し、内陸の木場は広大な木場公園に変わり、親水公園がつくられるなど、近隣の居住環境は大きく変化した。図 7-2 は、東京都江東区における運河・小河川の位置と、1980 年代前半の専門・技術職就業者の増減を示したものである。小河川・運河沿いのところで専門・技術職就業者数の増加が見られる。これは、運河沿いに立地していた工場や倉庫の跡地に、民間共同住宅が建設された事例（写真 7-1）が多いためである。工場の跡地利用の半数以上が共同住宅であり、それらは旧河川を利用した親水公園沿いにも見られる（大吉 1988）。共同住宅のなかには、既存の工場近くに建設されるものもあった。住戸数が 200 を超える大規模共同住宅は、1980 年代前半に江東区では 5 件建設された。共同住宅の居住者は、伝統的な近隣に関心があまりないため、地域における工場の立地基盤が失われ、結果として工場が追い出されることに対する工場経営者たちの不安と反発があった（佐藤 1983）。

　日本経済の景気後退により、1990 年代半ば以降地価は大きく下落した。2000 年代前半には東京特別区部に居住する、231,499 人の就業者総数が減少した。インナーシティにあった多くの中小規模の工場が移転、閉鎖された。2000 年代前半に、東京特別区部において専門・技術, 管理職就業者は

108　第 7 章　景気後退後の東京都中央区における新築のジェントリフィケーション

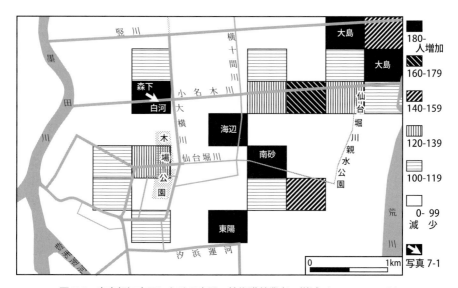

図 7-2　東京都江東区における専門・技術職就業者の増減（1980 〜 1985 年）
国勢調査地域メッシュ統計により作成。

写真 7-1　東京都江東区における小名木川沿いに建てされた共同住宅（1994 年 10 月 18 日）

37,140人増加したが、これは1980年代前半の半数程度の増加であり、大半の区において減少した。1980年代前半とは対照的に、専門・技術，管理職就業者数が10%以上増加したのは、中央区、江東区、千代田区であった（図7-1）。中央区の増加率は最も高く30.5%であり、次節では専門・技術，管理職就業者が最も増加した中央区を対象に検討する。

Ⅲ　地価の変動と都市政策

　日本で路線価が最も高い地点（2014年）は、東京都中央区銀座5丁目の中央通と晴海通との交差点の南西側の中央通に面したところである。図7-3は、最高路線価地点のある銀座5丁目から東に伸ばした直線と交差する道路の路線価を示したものである。A地点は、銀座商店街の核心部である。地価は土地利用に影響され、商業地では最も高く、工業地よりも住宅地の方が比較的高い。銀座5丁目は中心商業地であり、路線価も周囲のものを凌駕している。

　都心からの距離が遠くなるにつれて、路線価は低減するが、昭和通や新大橋通のような主要街路沿いでは、周囲の細街路に比べると相対的に高い。最高路線価地点から約1,300m東にある湊2丁目周辺は、中小の印刷工場が多い住工混在地域である。図7-3のなかでC地点は、最も低い路線価のところである。

　図7-4は、図7-3の3地点の路線価の推移を示している。1990年代前半には、中心商業地のA地点が最も大きく変動しており、主要街路に面したB地点の路線価も大きく変動した。C地点は住宅地であるが、1980年代後半から

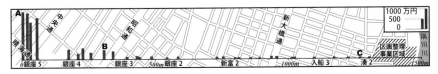

図7-3　東京都中央区における路線価断面図（2014年）
東京国税局編『路線価図』により作成。

110　第7章　景気後退後の東京都中央区における新築のジェントリフィケーション

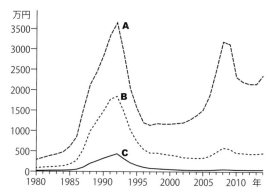

図7-4　東京都中央区における路線価の推移（1980〜2014年）
東京国税局編『路線価図』により作成。

1990年代前半にかけての変化が比較的大きい。1980年代から1990年代初頭にかけて地価が高騰し、不動産が投機的に取引された。1990年代初めの路線価は、A地点から1,300m離れたC地点と大きな差があったため、都心周辺では拡大するオフィス需要を見込んで、開発業者により相対的に安価である家屋が買収された。借家の場合、借家法により借家人の権利は保護されていたが、土地が売買されて家主が変わると、過度な交渉により借家人の大半は立ち退きさせられた（早川1987）。日本の大都市の都心では未曾有の地価高騰が、1980年代後半から1992年にかけて起こった。1993年以降は、急激な地価下落が起こったのである。1990年代半ば以降、地価は急激に下落し、オフィスビル開発の需要も減少し、家屋が取り壊された跡地は駐車場や空き地となった。

　このような地価の高騰による投機的な不動産取引のために、多くの住宅が取り壊されて人口は著しく減少した。中央区ではその対策として、業務用建物への住宅附置を促す要綱が策定された。中央区は居住人口を確保するために、1985年に中央区市街地開発指導要綱を制定し、500m² 以上の開発には住宅附置を求めた。住宅の確保に効果はあったが、新築された共同住宅の家賃が高く、従前の借家人は入居できず立ち退きとなる問題があった（吉田1990）。

住宅附置により増加した共同住宅の多くは、単身者用であった。その対策として中央区は、10戸以上の共同住宅の建設では30％以上の住宅を専有面積40m^2以上とするように、1997年に指導要綱を変更した。長く居住しない単身者向けの小規模な住戸を供給する共同住宅の増加が、新たな問題となった。このため中央区では、40m^2以上のものを家族世帯用住宅として、こうした住戸を供給する共同住宅の建設に対しては、基準容積率の1.2倍が許容容積として付加された（川崎 2009）。

2000年代にはいり中央区の人口は10万人台を回復し、住宅附置の制度は、規制緩和された建物の高さに関する建築紛争の多発により2003年に廃止された（川崎 2009）が、ジェントリフィケーションの発現に影響を及ぼしたのである。

C地点から東の隅田川との間には、1980年代後半から投機的な土地取引がなされたところであり、駐車場や空閑地、空き家が残されていた。建造環境が物的に衰微したため、資本化地代が低減したのである。湊2丁目の東側は、都市再開発のための区画整理事業区域として設定されたため、2012年より路線価が算出されなくなった。

このような低・未利用地の再利用を促進するため、2002年に都市再生政策が導入されるとともに、東京中心部は都市再生緊急整備地域に指定された。2002年には建築基準法が改正されて、斜線制限の適用除外制度として、地上の一定の位置から見上げたときに見える空の割合を数値化した天空率の指標が導入された。これにより高さ制限の緩和を可能にしたため、東京の都心部と湾岸部では超高層住宅の建設が相次ぎ（山口 2012）、東京都港区では新築のジェントリフィケーションの発現が確認された（Lützeler 2008）。

A地点の路線価は2008年にピークに達し、その後急に低下した（図7-4）。これは、2007年にアメリカ合衆国で起こったサブプライム住宅ローン危機に端を発して、翌2008年に投資銀行のリーマン・ブラザーズが破綻したリーマン・ショックの影響である。日本経済にも影響があり、景気の先行き不安もあり、地価は下落した。

図7-3のB地点とC地点は、1990年代初頭の高騰した水準から比べると、

路線価ははるかに低下したが、2014年現在は1980年代前半に比べると高くなっている。これは、1990年代後半以降の地価の下落によって、金融機関に不良債権問題が派生し、政府は経済再生の手段として、規制緩和による都市再生を行ったためである。

　2000年代後半から入船や湊では、低・未利用地が買収されそこに高層共同住宅が建設され、路線価が上昇してきたのである。潜在的地代と資本化地代との地代格差（Smith 1979b）へ投資がなされ、高層の住宅開発が行われたのである。高層共同住宅の住戸を売買する動きもあり、1980年代後半の地価高騰期のような、将来の地価上昇にかける投機的取引が行われつつあり、この動向については注視が必要である。

Ⅳ　東京都中央区におけるジェントリフィケーション

1）2000年代前半の変化

　図7-5は、町丁別の専門・技術，管理職就業者数の変化を示したものであり、これによりジェントリフィケーションの発現地区について検討する。首都高速道路の都心環状線と上野線の西側が都心の業務地区であるが、専門・技術，管理職就業者は、都心周辺地区で増加するとともに、隅田川東岸の地区においても増加した。隅田川より東の佃や月島は、路地空間に特徴のある下町である。佃では、造船所と倉庫などの跡地に、1980年代半ばより超高層共同住宅が建設され、景観は大きく変化した。隅田川西岸の日本橋の問屋街や築地市場では卸売業が集積し、入船から湊にかけての地区では印刷工場や倉庫などがみられ、これらは漸移地帯（zone in transition）の特徴を示している。1980年代末から1990年代初めにかけての地価高騰期を過ぎると、都心の業務機能はこれらの地域には拡大せず、むしろ再投資による共同住宅の建設があり、居住者階層の上方変動が起こった。

Ⅳ 東京都中央区におけるジェントリフィケーション 113

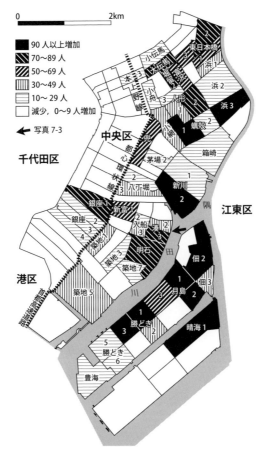

図7-5 東京都中央区における専門・技術,管理職就業者数の変化(2000-2005年)
国勢調査により作成。

2)地域景観への影響

　東日本橋から人形町にかけての地区では、繊維・衣服等卸売業が集積していたが、卸売業事業所の減少数が大きい(藤塚 2016)。江戸時代からの呉服商がこの地で商いを始めたことから、繊維・衣服等卸売業が集積している。和装業界の不振の影響は大きく、多くの店舗がなくなった。跡地に共同住宅が多数

建設されている。横山町や馬喰町には、洋服の現金問屋も多い。1階に店舗を設置しない共同住宅の建設計画には、問屋街の連続性が失われるとした建築紛争があった（写真7-2）。このような事態に関して、日本橋街づくり協議会の代表者は、「日本橋問屋街は歴史ある商業の集積であり、地区としてはヨーロッパ型まちづくりを参考に、伝統を重んじ、300年来の問屋街の街なみを保ちたい。連続した商店の街なみを壊すようなマンション建設は避けなければならない」（中央区区民新聞　2004.7.12）と述べた。大都市の都心周辺地区の特徴である問屋街も、都市再生の荒波にさらされている。

　写真7-3は図7-5の矢印からの湊地区における隅田川沿いの景観であるが、川沿いの公共空間への配慮は十分ではなく、ロンドンにおける新築のジェントリフィケーション（第5章）に見られるような個性的なデザインの建物があるわけでもない。都市政策答申である2003年の都市再生ビジョン（都市再生ビジョン研究会編 2004）では、建築活動における「建築の自由」が良好な景観の妨げとなってきたことを指摘している。超高層住宅の建設が、地域の景観

写真7-2　日本橋横山町における問屋街の町並みを凌駕する高層共同住宅
（2011年10月1日）

Ⅳ 東京都中央区におけるジェントリフィケーション 115

写真 7-3　東京都中央区湊における高層共同住宅（2011 年 10 月 1 日）
中央大橋より撮影。

的調和を妨げていることは一目瞭然である。

　また、隅田川東岸の月島では、近隣への中高層共同住宅の建設に際しては、既存の高層住宅の住民から反対されるなど、新たな建築紛争が起こっている（志村 2008）。良好な都市景観を育むためには、長く地域で暮らしてきた住民の生活と下町の界隈を守るための施策が必要となってくる。

3）都市政策の影響

　銀座から東へ約 1,300m 離れた湊地区は、銀座や日本橋に近いことから、商店や事業所における伝票やチラシなどの印刷の需要が大きく、中小の印刷工場（写真 7-4）が集積している。1980 年代の地価高騰期には家屋が投機的に取引され、路地に面して軒を連ねていたが、売却により隣接する家屋が取り壊されて駐車場となったため、湊 2 丁目の残された家屋は倒れないように柱で支えられている。1990 年代には、景気後退の影響からそれらの跡地は利用され

写真 7-4　湊 2 丁目における支柱で支えられた印刷工場（2011 年 9 月 30 日）

ずに放置された。2002 年には都市再生特別措置法が施行され、東京都中央区では、区域面積の約 7 割を占めている都市再生緊急整備地域が指定された（川崎 2009）。都市再生特別地区とされた湊 2 丁目では、超高層共同住宅が建設されることとなった。

写真 7-3 の中央に見える湊 3 丁目の超高層住宅の建設に際しては、許容容積が追加される都心住居型総合設計制度が適用され、建物の周りへの公開空地の設置により、容積の付加があったため、これは周囲の共同住宅を凌駕する規模となった。共同住宅内のすべての住戸が 40 m^2 以上となり、100 m^2 を超えた住戸の家賃は 1 カ月に 50 万円以上となっている。これは、立ち退きさせられた借家人にとって手の届く価格ではない（藤塚 2014a）。

V　おわりに

東京特別区部における専門・技術，管理職就業者数の増加については、

V　おわりに

1980年代前半には、江東区で変化が最も大きかったが、2000年代前半になると、中央区や千代田区の変化の方が大きくなった。

　1980年代の地価高騰による不動産の投機的取引のため、住宅や工場が立ち退きとなった跡地は、多くがそのまま放置され低・未利用地となっていた。東京都中央区においては、1980年代の人口減少対策として、業務用建物の開発に際して住宅を附置させる制度をとった。単身者用共同住宅の建設が多く、建築紛争が多発したこともあって、人口が10万人台に回復した後、その制度は廃止された。2002年には都市再生政策がはじめられ、新たな規制緩和により超高層共同住宅が建設されることとなった。

　超高層共同住宅は、低層の住宅からなる町並みを凌駕するだけでなく、周辺にある高層共同住宅との新たな建築紛争を引き起こすものであった。また、超高層共同住宅の住戸の多くは非常に賃料が高く、立ち退きさせられた住民にとって手の届く価格ではない。住戸が投資目的に利用される場合もあり、地価の高騰に地域が翻弄されてきた状況の再現が危惧される。再開発により失われていく、地域の産業や生活を継承するための施策が必要である。

第 8 章

ロンドン、ニューヨーク、東京における ジェントリフィケーション

I　はじめに

　ジェントリフィケーションが明らかにされたのは、ロンドンの近隣変化に関する Glass（1964）の報告が最初である。労働者階級の居住地へ中間階級が来住し、住宅の価格は暴騰し、この過程によって元来住んでいた労働者階級は立ち退きを余儀なくされ、地区全体の社会的性格は変容することが報告された。その報告から半世紀が過ぎ、ジェントリフィケーションの性質は大きく変化した。ジェントリフィケーションは、もはや狭い住宅市場に限られるものではなく、最先端の居住による都市中心部の景観に関する階級の再形成である（Smith N. 1996）。
　ジェントリフィケーションはその文脈や地域、時期により異なり、その発現する都市と地区について、国際的比較が重要である（Lees 2012）。ロンドンとニューヨーク市の事例を比較した Lees（1994）は、アメリカ合衆国では市場指向であり、ヨーロッパでは政府にコントロールされている点が異なると指摘した。
　先進資本主義国では 1990 年代初頭に景気後退があり、Bourne（1993）はカナダの都市において、1990 年代中頃の経済の回復にもかかわらず、需要と供給の双方からジェントリフィケーションは衰退すると指摘した。これに対し Badcock（1995）は、1990 年代のオーストラリアにおけるインナーシティの住宅開発を分析して、次の三点で全く一致しないと反論した。第一にオーストラリアの都市においては、郊外の内縁部にあるテラスハウスの需要に回復が

あること、第二にオーストラリアの高学歴者は大きく増加しており、インナーエリアではいわゆる DINKs の割合が高いこと、第三に増加する女性労働者と子どものいない世帯における居住地選択の範囲の広がりが住宅需要の下支えをしており、世帯の消費パターンの経済的な後退を相殺していることである。したがって、Bourne が指摘した住宅価格や資本の回復の落ち込みは、オーストラリアの住宅市場における 1990 年代の経験には一致しないと指摘した。Ley（1996）が指摘するように、ベビーブーマーが退職するとジェントリフィケーションは加速する。むしろ、1990 年代初頭の経済後退は、ジェントリフィケーションの重要な転換点であった（Hackworth 2001）といえる。Hackworth（2002）は、1990 年代の景気後退前に比べると、ニューヨーク市では都心より離れた近隣に拡散するとともに、ジェントリフィケーションのなかった都心により近くの住宅地でジェントリフィケーションが進行していることを示した。

ジェントリフィケーションは、欧米の大都市だけでなく、アジアや南米の大都市における事例も研究されている（Atkinson and Bridge eds. 2005）。本稿では、世界都市であるロンドン、ニューヨーク市、東京特別区部をとりあげて比較研究する。

本章では、社会経済的指標を用いて、2000 年代のジェントリフィケーションの地理的位置を検討する。さらに、ジェントリフィケーションの発現要因について、再投資を促進する規制緩和や用途地域の変更などの施策の影響について考察する。そして、3 都市の研究対象地域について、社会経済的指標の変化により、影響の大きさとその含意について比較検討する。

II　ニューヨーク市ブルックリンの事例

図 8-1 は、ニューヨーク市におけるヒスパニック以外の白人人口の増減率を示したものである。マンハッタン島の最南部と、イースト川対岸のブルックリン北部で増加率が著しく高い。

120　第 8 章　ロンドン、ニューヨーク、東京におけるジェントリフィケーション

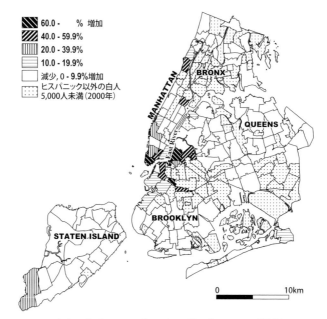

図 8-1　ニューヨーク市におけるヒスパニック以外の白人人口の増減率（2000〜2010 年）
U.S. Census Bureau, 2000 and 2010 Census により作成。

　ニューヨーク市では、1990 年代の景気後退後地価が上昇した。マンハッタンでは不動産価格が高騰し、住宅の取得が困難となった。そこで、ダウンタウンに近いイースト川対岸のブルックリンが住宅地として注目されたのである。
　図 8-2 は、センサストラクト別データにより、ブルックリンのヒスパニック以外の白人人口の 2000 年代の変化を示したものである。ブルックリン北部のウィリアムズバーグや、イースト川沿いのダンボからパークスロープにかけて、白人人口は増加した。
　パークスロープは、褐色砂岩のテラスハウスが特徴的な近隣であり、第二次世界大戦後にアイルランド系とイタリア系のアメリカ人と移民のコミュニティができた。ジェントリフィケーションは、1950 年代後半にはじまり、最初は緩やかであったが、1970 年代にはより集中して起こった（Carpenter and Lees 1995）。その後、落ち着いた近隣として評価されるようになり、住

II　ニューヨーク市ブルックリンの事例　121

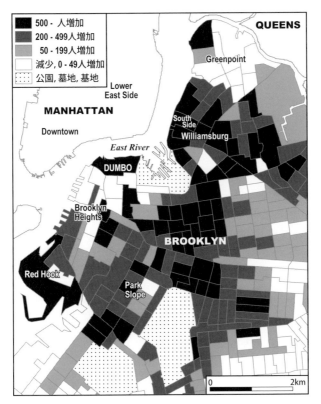

図8-2　ブルックリン中心部におけるヒスパニック以外の白人人口の変化（2000〜2010年）
U.S. Census Bureau, 2000 and 2010 Censusにより作成。

宅価格は初期よりも高くなり、より裕福な人たちが住むようになった（Lees 2000）。

　ブルックリンハイツでは、既にジェントリフィケーションにより再生された近隣に、多国籍エリートなどのより裕福なジェントリファイアーが来住しており、Lees（2003）はこれをスーパージェントリフィケーションとして示した。世界的な金融市場や多国籍企業に勤める裕福な居住者が集中した結果、居住者の平均所得は高くなったのである（藤塚 2007a）。

　ウィリアムズバーグのイースト川沿いには、水運を立地条件とした工場が多

くあった。一方、マンハッタンのソーホーやロウアーイーストサイドに多い芸術家のなかには、賃料の上昇により当地を離れた者もある。ウィリアムズバーグでは、使われなくなった工場跡がアトリエなどに再利用され、マンハッタンから移住した者もあり、多くの芸術家が居住するようになった。さらに、ウィリアムズバーグとグリーンポイントにおけるイースト川沿いの工業地域は、住宅地と、商業地、公園として、2005 年に用途地域が変更された。川沿いのところでは、高層建築の可能な住宅地に指定され、高層共同住宅が建てられた。また、イースト川の埠頭からは、マンハッタンのダウンタウンとミッドタウンを結ぶ定期船がある。こうした交通の便の良さとともに、早くにジェントリフィケーションの進んだパークスロープやブルックリンハイツに比べると地価が低く、住宅を取得しやすいことが、ウイリアムズバーグにおいて白人人口が増加した要因である。

III　ロンドンタワーハムレッツの事例

　ロンドン東部のドックランズでは、1980 年代よりエンタープライズゾーンに指定されて、規制緩和とともに、税の優遇措置が設けられ、民間の投資による開発が進められた（藤塚 2007b）。2000 年代に入りロンドンでは、空間開発戦略として『ロンドンプラン』（リビングストン編 2005）が策定された。そのなかで示された複合開発予定地域には、新しく雇用と住宅を提供できる地域として、放棄された大規模な土地が含まれている。特に、テムズ川をはじめとした、運河や小河川を含めた水路を「ブルーリボンネットワーク」として、デザインや建造物に配慮して、戦略的に持続可能な開発を行うことを謳っている。

　テムズ川沿いの工場跡地や放棄された土地、および、建物が取り壊されたところでは、新築のジェントリフィケーションが発現し、再投資と高所得者の来住による地域の居住者階層の上方変動、景観の変化、低所得の周辺住民の間接的な立ち退きが起こっている（Davidson and Lees 2005）。

III　ロンドンタワーハムレッツの事例　123

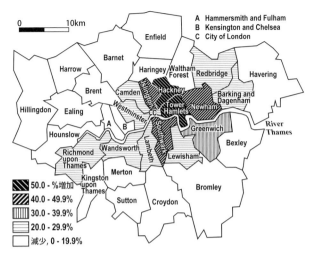

図8-3　ロンドンにおける専門・技術，管理職就業者数の増減率（2001～2011年）
National Statistics により作成。

　図8-3は、ロンドンにおける専門・技術，管理職就業者数の増減率をバラ別に示したものである。最も早くにジェントリフィケーションが進んだイズリントンにおいても増加率は高いが、注目されるのはタワーハムレッツをはじめとする東部地域である。東部では、複合開発地域として大規模な住宅供給が進められたこともあり、専門・技術，管理職就業者の増加率が高い。

　図8-4は、タワーハムレッツにおける専門・技術，管理職就業者数の変化を示したものである。カナリーウォーフ近くのミルウォールで増加しているほか、ライムハウスなどのテムズ川沿いで大きく増加した。

　カナリーウォーフは、1980年代より超高層ビルを中心としたオフィスビル開発が進められ、金融や情報関連の企業が進出して、ロンドンの新たな都心となった。ミルウォールは掘り込み港に面しており、その水面は残されている。こうしたウォーターフロントが、2000年代の住宅開発の中心となっている。新たな都心の形成がジェントリフィケーションの進行に大きな影響を与えた。ただし、新築のジェントリフィケーションの進行により、周辺住民との所得格差は拡大し、アフォーダブルな住宅が相対的に少なくなっている（藤塚

124 第8章 ロンドン、ニューヨーク、東京におけるジェントリフィケーション

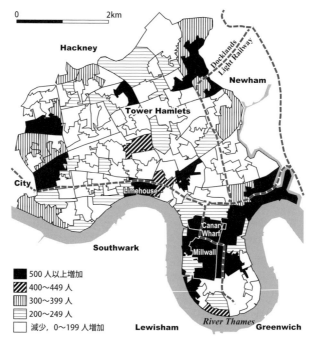

図8-4 タワーハムレッツにおける専門・技術，管理職就業者数の変化（2001～2011年）
National Statistics により作成。

2013）という問題がある。

IV 東京都中央区の事例

　東京特別区部では、中央区と江東区、千代田区において専門・技術，管理職就業者の増加率が高い（図8-5）。中央区には、日本橋の金融証券業の集積と銀座の商業中心地とが含まれる。
　図8-6は、東京都中央区において、町丁別に専門・技術，管理職就業者数の変化を見たものである。首都高速の都心環状線より東側の、日本橋や月島、京橋において、90人以上増加しているところがある。1990年代後半以降、中央区北部の日本橋ではホワイトカラーが増加したが、中高層共同住宅の林立に

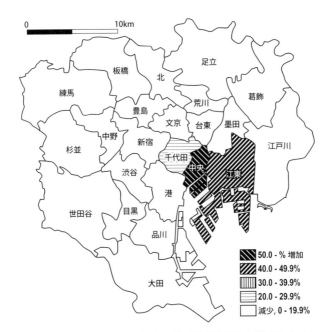

図 8-5　東京特別区部における専門・技術，管理職就業者数の増減率（2000～2010 年）
国勢調査により作成。

よる既存住民の住環境の悪化や、既存の地域コミュニティとの不和などの問題が指摘されている（宮澤・阿部 2005）。

　本節では、湊 3 丁目の事例についてとりあげる。この地区は、CBD にきわめて近いことから、1980 年代後半以降の地価高騰期には、投機的土地取引が行われた。1990 年代半ば以降は、地価の急激な低下により、住宅の取り壊された跡地は、駐車場や空閑地となっていた。

　湊 3 丁目は銀座や日本橋に近いことから、伝票やチラシの印刷などの需要が大きく、中小の印刷工場が集積している。かつては路地に面して家屋が軒を連ねた住宅地であったが、売却により隣接する家屋が取り壊され、残された住宅は支柱で支えられていた。

　東京都中央区では、1980 年代以降の急激な人口減少に対応するため、業務用建物への住宅附置を促す要綱があった。2000 年代にはいり中央区の人口は

126　第 8 章　ロンドン、ニューヨーク、東京におけるジェントリフィケーション

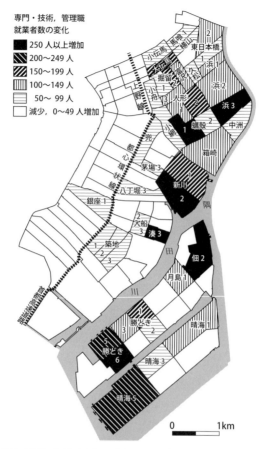

図 8-6　東京都中央区における専門・技術，管理職就業者数の変化（2000-2010 年）
国勢調査により作成。

　10 万人台を回復し、2003 年に住宅附置要綱は廃止されたが、居住期間の短い単身者向けの小規模な住戸を供給する共同住宅の増加が新たな問題となった。このため、40m² 以上のものを家族世帯用の住宅として、こうした住戸を供給する共同住宅の建設に対しては、基準容積率の 1.2 倍が許容容積として付加された（川崎 2009）。
　湊 3 丁目には、2007 年に竣工した超高層住宅がある。この住宅の建設に際

しては、二つの街区を統合するスーパーブロックも行われた。建物の周りへの公開空地を設置することにより、より許容容積が追加される都心住居型総合設計制度が適用され、さらに容積が付加された。その結果、この超高層住宅は、周囲の共同住宅を凌駕する規模となった。すべての住戸が40m²以上の間取りで、なかには100m²を超えるものもあり、その家賃は1カ月に50万円を超えている。

V 研究対象地域の社会経済的変化

　本章では、ニューヨーク、ロンドン、東京の研究対象地域における社会経済的変化について比較検討する。ジェントリフィケーションを示す3カ国共通の指標は存在しないが、職業階層の変化とエスニシティ別の人口変化の2点から検討する。

　表8-1は、ロンドンと東京の研究対象地域における職業階層の変化を示したものである。東京都中央区の湊3丁目では、専門・技術，管理職の就業者は増加したのに対して、生産労務が減少した。湊3丁目には中小の印刷工場が集積しており、これはその従業者の立ち退きを示している。

　ロンドンタワーハムレッツのミルウォールでは、製造機械運転などのブルー

表8-1　研究対象地域の職業別就業者数の変化

Millwall	2001-2011年	湊3丁目	2000-2010年
就業者総数	3,037	就業者総数	855
専門	1,091	専門技術	204
管理	536	管理	52
専門技術関連	728	事務	204
熟練商	72	販売	78
サービス	92	サービス	68
製造機械運転	35	生産労務	-22
販売サービス	118	運輸通信	15
行政	255		
電気	110		

National Statisticsと国勢調査により作成。

カラーの減少がないが、これは倉庫など港湾関連産業の跡地における開発であり、直接的な立ち退きは発生しない。職業別では、著しくホワイトカラーの増加に偏っている。

2013年現在、アメリカ合衆国の2010年のセンサスではセンサストラクト別の職業区分は集計されていない。ここでは、エスニシティ別人口変化を指標とする（表8-2）。ロンドンタワーハムレッツのミルウォールは、バングラデシュ系住民の多いコミュニティであった。2000年代に入り高層の共同住宅が建設され、白人人口が著しく増加した。バングラデシュ系人口も増加した。「ブルーリボンネットワーク」ではアフォーダブルな住宅の供給の必要性を強調しており、その効果は認められる。しかしながら、テムズ川や水路沿いへの民間共同住宅の建設は、川沿いの空間を私有地化しており、周囲のコミュニティとの間にセグリゲーションを生じることとなり、「ブルーリボンネットワーク」構想の実現に十分寄与しているとはいえない（Davidson 2009）。

一方、ニューヨーク市ブルックリンのサウスサイドは、ヒスパニック人口が多く、特にプエルトリコ人のコミュニティとなっている。2000年代には、ヒスパニック以外の白人が著しく増加したが、ヒスパニックは大きく減少した。ヒスパニックの住民が立ち退きさせられたのである。

表8-2 研究対象地域のエスニシティ別人口増減

South Side	2000-2010年	Millwall	2001-2011年
総人口	284	総人口	4,772
白人	814	白人	835
		アイルランド系	58
		他系白人	1,088
アジア系	68	インド系	397
		パキスタン系	72
		バングラデッシュ系	747
		他アジア系	626
ヒスパニック	-618	カリブ海系黒人	54
アフリカ系	48	アフリカ系黒人	156
		他系黒人	100
複合人種	-28		

U.S. Census と National Statistics により作成。
注）本表は、National Statistics のデータから、主なエスニシティの変化のみを示している。

VI おわりに

　ジェントリフィケーションの地理的位置に関して、東京はCBDに近接しており、ロンドンは新たなCBDのカナリーウォーフに近接し、ニューヨークは都心とイースト川対岸のブルックリンにおいて発現した。発現の要因は、東京、ロンドンにおいては、規制緩和の影響が大きく、ニューヨークは、用途地域の変更によるところが大きい。ニューヨークでは、使われなくなった工場の存在と、地価の相対的な低さも要因である。東京では、1980年代に住宅や工場の取り壊された後の低・未利用地の存在と、家族世帯向けの規模の大きな住宅供給に対する規制緩和があった。ロンドンでは、カナリーウォーフという新たな都心に近接して発現した。規制緩和により高層住宅が建設されたが、ウォーターフロントに面してすぐれた眺望を得られることも、ジェントリフィケーション発現要因のひとつである。

　3都市の研究対象地域における住民の社会経済的構成の変化についてみると、ロンドンタワーハムレッツのミルウォールでは共同住宅開発によってホワイトカラーが著しく増加したが、周囲のコミュニティとの新たなセグリゲーションを生じた。東京都中央区湊3丁目では、ホワイトカラーが増加する一方で、ブルーカラーが減少した。この地域で長く操業してきた零細工場の立ち退きと、新たに建設された高層住宅における家賃の高騰が起こった。ニューヨーク市ブルックリンのサウスサイドでは、白人が増加する一方で、ヒスパニック住民の減少が明らかになった。

　本章では、世界都市におけるジェントリフィケーションを比較し、その要因と影響について検討した。ジェントリフィケーションは、世界資本に接続した世界都市だけでなく、地方の中小都市においても発現しており、下位の都市階層の都市を対象とした研究も必要とされる。

第9章

社会主義後のベルリン東部における
ジェントリフィケーション

I　はじめに

　経済体制を変更した旧社会主義国の大都市では、1990年代以降にジェントリフィケーションが進展してきた。社会主義体制下では、商業・サービス業には重点がおかれていなかったので、経済体制変更後に都心では商業化が進んだ。旧社会主義国の大都市においてジェントリフィケーションは、社会主義への移行前の最も良い住宅地から起こった（Sýkora 2005）。ベルリンの壁が崩壊してから四半世紀が過ぎており、社会主義体制下にあったベルリン東部は大きく変化してきた。ベルリンでは、ミッテで商業化が進むとともに、社会主義以前に形成された歴史的な住宅地であるプレンツラウアーベルクにおいてジェントリフィケーションが進行してきた（White and Gutting 1998, Holm 2006）。老朽化した建物の修復への助成が主な要因であった。修復の主な対象となったのが、1870年代以降の時期であるグリュンダーツァイト（Gründerzait）に建てられた建築物である。

　ベルリンの住宅市場では、持ち家は少なく賃貸住宅が主である。1990年代は家賃規制があり、2000年代半ばまで家賃は据え置かれてきた。2000年代後半になると、新たな賃貸契約により家賃は高騰し、ジェントリフィケーションへの反対運動が起こっている（Cottrell 2011）。ベルリン東部では、インナーシティにおける観光地化をはじめとしたリストラクチュアリングが進行し、ジェントリフィケーションへの対抗的機運が高まりつつある（池田 2014a）。

　本章では、次の三点について検討する。第一に、ベルリン東部では、かつて

の社会主義体制下における都市建設の影響がジェントリフィケーションの発現にどのような影響を及ぼしているのか検討する。また、資本主義都市では都心に近いところで発現していたジェントリフィケーションは、その後都心から離れたインナーシティで起こる（Hackworth and Smith 2001）。旧社会主義都市では、経済体制変更後の発現地域にどのような変化がみられるのかについて検討する。第二に、1990年代は老朽化した建物への修復の助成金がジェントリフィケーションの重要な要因となり、多くの修復地区において事業は完了した。2000年代半ば以降のジェントリフィケーションは1990年代とは異なる要因によるものと考えられるため、その要因について検討する。第三に、2000年代後半以降、家賃の上昇がベルリンの住宅市場に大きな影響を及ぼしており、ジェントリフィケーションへの対抗的機運が高まっている（池田 2014a）。ベルリン東部の歴史的な建築物の多く残る地区において、ジェントリフィケーションがどのような社会的影響を及ぼしたのかについて考察する。

II　発現地域の変化

１）社会主義都市の内部構造

　社会主義体制移行前の都市の内部構造においては、歴史的な都心と中心業務地区、社会的な上中層向けの住宅地と労働者階級の住宅地があった。社会主義体制に移行すると、政府によって資産が没収されるとともに、新たな都心が旧市街地の外側に建設されるなど、都市の内部構造は大きく変わった（Hamilton 1979, Smith, D. M. 1996）。社会主義体制下では、必要な物資の配給制があり、商業・サービス業には価値がおかれなかった。そのため、資本主義都市と異なり、都心では商業・サービス業の発展は見られなかった。

　1950年代半ばまでには、社会主義イデオロギーに基づく都市建設が行われ、次の三点に力が入れられた。第一に、中心部に広場をつくり、そこに政治的機能を有した建物が配置された。第二に、その広場から周辺へ、マギストラーレと呼ばれる道幅の広い道路が配置された。中心広場やマギストラーレは、メー

デーや祝典の際にパレードが開かれたように社会主義を鼓舞する場所でもあった。第三に、マギストラーレに沿って箱形の大きな建物のプラッテンバウが配置された（小林 1996）。

写真 9-1 のカールマルクス通は、戦後復興プロジェクトにより建設されたもので、かつてはスターリン通と呼ばれた。幅の広い通りに面して、共同住宅、店舗や飲食店などの施設が軒を連ねていた（Heineberg 1979）。写真の両端にある塔の付いた建物は住宅であり、この通りに面してある共同住宅は、大きな空間を備えた贅沢なアパートであった。

社会主義体制下では、住宅が接収され、再配分されるとともに、政府によりその配分は管理された。不動産市場が存在せず、住居の変更は制限され、割り当てられた住宅にそのまま居住せざるを得ないことが通常であった（山本 2000）。フリードリヒスハインのアルトバウ地区では、旧東ドイツの時代には住宅の質的な維持管理はおろそかにされ、多くが浴室やセントラルヒーティングは備え付けられていなかった（Bouali 2013）。社会主義移行前からの歴史的な住宅地であるプレンツラウアーベルクにおいても、戸別トイレのない住宅が

写真 9-1　カールマルクス通（2015 年 3 月 6 日）

多く、10 戸で 1 つのトイレを共用していた（Levine 2004）。

2）経済体制変更後の資産の返還政策

　経済体制変更後、旧社会主義国では不動産の私有化が行われたが、接収した資産をどうするかは国によって対応が異なるものであった。チェコでは住宅が返還されたが、ハンガリーでは返還されていない（Sýkora 2005）。ロシアでは、ソ連時代からの住宅を引き継いだ住民は、住宅を所有している市政府に手続きをすれば、無償で私有化することができる（道上 2013）。
　1990 年にドイツが統一されると、東ドイツでは旧社会主義政府が没収した資産を、所有者および所有者の子孫に返還することとなった。資産の所有者とその子孫には、その地を離れている者も多く、外国へ移住した者も少なくなく、資産返還後には不在地主となった。そのなかには、資産を転売したり、修復してより高い賃料収入を得ようとする者も多かった。
　ベルリンの壁が崩壊した後、ミッテでは都市全体の都心としての地理的位置を回復したことから、1990 年代より商業・サービス業の集積が著しく進んだ。プレンツラウアーベルクには、19 世紀末に建てられた歴史的建築物が多く、老朽化した建物の修復には補助があった。1990 年代後半には改装される住宅の件数が多くなり、補助によらない民間の改装件数が増加した（Bernt and Holm 2005）。5 年以下の居住歴の住民は、プレンツラウアーベルクの南西部においては 1999 年に 40％ を超えており、1996 年に比べて 10％ 以上増加した（Dörfler 2010）。都市更新地区では元の住民の比率は 25％ になり、標準的所得は 1993 年にはベルリン全市の 75％ であったが、2007 年には全市の 140％ となった（Holm 2013）。

3）ジェントリフィケーションの発現地域の変化

　ベルリンにおいてジェントリフィケーションが発現したのは、1980 年代の旧西ベルリンの端に位置したクロイツベルクにおいてであった。ベルリンの

壁に隣接する場所は行き止まりになっており、多くの土地と建物が放棄されていた（写真9-2）。クロイツベルクでは、1987年にはクラブやギャラリー、サブカルチャーの書店などのある、パイオニアの場所の集中が確認されている（Holm 2013）。1980年代より当地では100件以上の不法占拠の建物があり、それらについて現状の構造を保存し、人口の社会的構成を維持し、市民参加を推奨するという、注意深い都市更新が行われ、95件の建物が公共の支援により修復されてきた（Holm 2013）。

社会主義への移行前に良好な住宅地であったプレンツラウアーベルクでは、1990年代から老朽化した建物の修復が進められてきた。2000年代半ばにはジェントリフィケーションの対象となる古い建物が少なくなり、空閑地などの開発されていなかったところへ、高級な住宅が新築された。居住者層は35〜45歳が多く、1〜2人の子どもを伴うファミリー世帯である。彼・彼女たちの職業は建築家、メディア・デザイナー、行政職員、経営コンサルタントなどであり、Holm（2013）によってスーパージェントリフィケーションが確認された。

ベルリンでは、1980年代のクロイツベルクから、ミッテ、プレンツラウアー

写真9-2　クロイツベルクにおける壁付近の放棄された土地（1988年8月6日）

ベルク、フリードリヒスハイン、ノイケルンと右回りに、ジェントリフィケーションが発現してきた（Holm 2011, 2013, Krajewski 2013）。2000年代半ば以降の動向を検討するために、2,600ユーロ以上の月収者の増減率を区別に示した（図9-1）。フリードリヒスハイン・クロイツベルク区では70％以上増加し、パンコー区、マルツァーン・ヘラースドルフ区において60％以上増加した。フリードリヒスハイン・クロイツベルク区は、2001年にフリードリヒスハインとクロイツベルクが合区されてできた区である。本章では、旧社会主義都市であったベルリン東部、すなわち、旧区のフリードリヒスハインと、プレンツラウアーベルクとミッテとを主な対象とする。

図9-2は、ベルリン東部における小地域別に人口増減を示したものである。ミッテの東部とプレンツラウアーベルクと、フリードリヒスハインの東部において人口増加が顕著である。ベルリン市役所を都心と考えて、そこからの距離についてみると、人口増加の顕著な地区はいずれも2〜3kmの距離にある。経済体制変更後、都市の内部構造は大きく変わったが、ミッテが都心としての

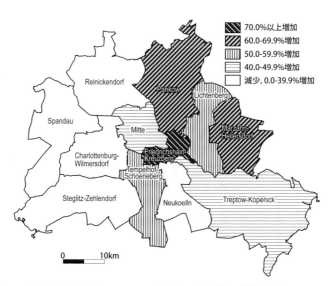

図9-1　ベルリンにおける2,600ユーロ以上の月収者数の増減率（2005〜2012年）
　　　　Mikrozensusにより作成。

136　第9章　社会主義後のベルリン東部におけるジェントリフィケーション

図 9-2　ベルリン東部における人口増減（2007 〜 2013 年）
Mikrozensus により作成。

地理的位置を回復したことが大きく影響している。

　次節では、裕福な居住者が最も増加したフリードリヒスハインを主な事例として、ジェントリフィケーションの発現要因を検討する。

III　フリードリヒスハインにおける発現要因

1) 創造都市政策

　ベルリンの東西を分けていた境界の一部は、シュプレー川沿いにあった。沿

岸区域は立ち入りが制限されたため、長らく有効な土地利用がなされていなかった。東西統一後、シュプレー川沿いに5地区の再開発が計画され、その事業面積は約180haであった。事業主は、2001年に土地所有者である市議会・地区議会・商工会議所の代表者により設立された、期間限定のメディアシュプレー有限会社であり、2001年からコミュニケーションとメディア関連産業を中心とするオフィス・商業施設の誘致が開始された（池田 2014b）。主要な施設は、図9-3に示した17,000人収容のO2エンターティメントホールと、MTV中央ヨーロッパとユニバーサルミュージックである（Bader and Bialluch 2009）。

ベルリンの創造経済の企業は、シュプレー川の北岸に最も集積している（Senatsverwaltung für Wirtschaft, Technologie und Forschung 2014）。シュ

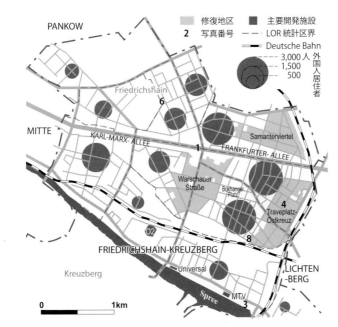

図9-3　フリードリヒスハインにおける修復地区・主要開発施設と小地域別外国人居住者数（2014年）
Mikrozensusにより作成。

プレー川の旧東港近くには、メディア産業をはじめとした創造的産業が集積している。写真9-3からは、旧東港付近にある建物を修復再利用したメディア産業の会社のビルと、線路跡を挟んでパラボラアンテナのあることがわかる。この建物の奥には、多国籍企業も集積している。

このような再開発が問題なく受け入れられたわけではなかった。2008年には、アーティスト、立ち退きに脅かされているクラブやビーチバーのオーナーたちによって、「メディア・シュプレーを沈めろ」を旗印に、ジェントリフィケーションへの反対運動が展開された（Novy and Colomb 2012）。

創造的階級がジェントリフィケーションの進んだプレンツラウアーベルクに居住した理由では、「当地に住みたかったので仕事を見つけた」とする回答が25.0％であるとともに、「当地で仕事を見つけたため」の回答が23.5％であった（Van Heerden and Bontje 2014）。創造的階級の居住地選択には職場との関係が大きく、就業地に近接した居住地を選ぶ傾向にあると考えられる。フリードリヒスハインでは、ヨーロッパ内の外国からの居住者が多くなっている（Bouali 2013）。シュプレー川沿岸の開発により、創造的産業や多国籍企業が

写真9-3　シュプレー川北岸にあるメディア産業（2015年3月6日）

III　フリードリヒスハインにおける発現要因　139

集積したため、外国人居住者が増えたと考えられる。フランクフルト通の南北の地域に、外国人の居住者が多くなっている（図9-3）。このような開発の影響があり、住宅の費用が上昇した（Von Schmidl 2012）のである。

2）地域的要因

　旧東ドイツ時代にはメンテナンスが疎かにされたグリュンダーツァイトの建物をはじめとする歴史的建築物は、1990年代には修復に重点が置かれた。1995年以来指定された22の修復地区には、81,000戸の住宅と116,000人の居住者が含まれた。これらの地区の80%は、ベルリン東部に位置し、ミッテ、フリードリヒスハインとプレンツラウアーベルクにあった。約15年の計画期間により、19の修復地区において計画は終了した（Krajewski 2013）。
　1993年と1994年には、フリードリヒスハインにおいて3つの修復地区が定められた。サマリエ地区、トラベプラッツ・オストクロイツ、ワルシャワ通の修復地区である（図9-3）。3地区とも、グリュンダーツァイトの住宅ストックが大きな特徴である（Bouali 2013）。トラベプラッツ・オストクロイツに位置するイェスナー通では、黒くくすんでいた建物のファサードがクリーニングされ、明るい色調に塗り替えられた（写真9-4）。歩道には石畳が施され、街路樹も植えられた（Bezirksamt Friedrichshain-Kreuzberg von Berlin 2011）。Gottlieb（2014）のトラベプラッツ・オストクロイツにおける223人を対象としたアンケート調査によると、18～35歳の未婚者のパイオニアが21%、26～45歳の1～2人世帯が48%であった。
　図9-4は、フリードリヒスハイン・クロイツベルク区による、トラベプラッツ・オストクロイツにおける地代の変化に関する図であり、修復が進められると地代が上昇することを示している（Bezirksamt Friedrichshain-Kreuzberg von Berlin 2011）。これはSmith（1979b）が地代格差として示した、時間の経過とともに低落した資本化地代と、最も望ましい高度な土地利用を仮定した際の潜在的地代と同じ内容を示している。旧社会主義体制下では住宅市場は存在しなかったため、資本主義への移行後に地代が資本化され、地代格差が生じたの

140　第9章　社会主義後のベルリン東部におけるジェントリフィケーション

写真9-4　イェスナー通の修復後明るい色に塗り替えられた住宅（2015年3月6日）

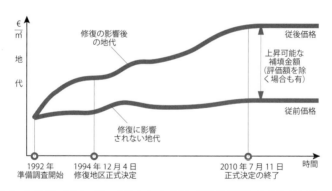

図9-4　トラヴェプラッツ・オストクロイツにおける修復により生じた地代格差
（2015年3月6日）

Bezirksamt Friedrichshain-Kreuzberg von Berlin（2011）による。

である。すなわち、これは都市政府がジェントリフィケーション発現に積極的に関与する、ジェントリフィケーションの第三の波（Lees et al. 2008）の状況と合致する。

　都市更新は修復地区だけではない。ボックスハンゲナー広場のある地区で

は、EUからの助成金も受けた社会的都市プログラムとして、地域内の建物跡に子どもの遊び場が整備された（由井ほか 2007）。100年の伝統を有する市場の一角にキオスクを建設するなど、地区マネジメントにより新たな店舗が増加した（フンク 2007）。このような地区は、外出する場所や居住地としての魅力を有するようになった（Bouali 2013, Krajewski 2013）。

2000年代半ば以降、事業の終了した修復地区や、社会主義体制下で望ましい住宅とされたカールマルクス通ではジェントリフィケーションは起こっていない。むしろ、それまでに開発が進められていなかった場所で、共同住宅の新築も契機のひとつとして、ジェントリフィケーションが起こっている。そのような地区では、市場や子どもの遊び場が整備され、カフェやレストランなども多くなってきたのである。

IV　社会的影響

1）高級住宅

経済体制変更後の1990年代には、老朽化した住宅の修復・改装がジェントリフィケーションの主な発現要因であったが、2000年代半ば以降には新築の住宅、それも大規模な共同住宅の建設が主たる要因となった。

歴史的住宅の保存地区では、2つめのトイレやバルコニーを備えた高級住宅が増えている（Jung 2014）。高級住宅は、2000年のミッテにおける建設計画から始まった。住宅の名称は、タウンハウス、新築ロフト、アーバンビレッジなどのキーワードで示され、比類のない、価値の高い住宅として差異化されている（Holm 2010）。2009年から2011年までには26の建設計画があり、それにより1,400戸が供給された。これらは、2000年以来の高級住宅の76％に相当する。2000年代末の建設計画は、ドイツのみならず国際的に著名なデザイナーによるものも含まれている（Holm 2010）。

写真9-5の建物は、新築の高級住宅の一例である。前面には現代的なバルコニーが取り付けられている。この住宅の裏には中庭があり、遊具が設置されて

142　第9章　社会主義後のベルリン東部におけるジェントリフィケーション

写真 9-5　コルビッツ通とベルフォルター通の角地にある高級住宅（2015 年 3 月 6 日）

いる。中庭に通じるところにはゲートが設けられており、外部の者は許可なく入ることができない、ゲーテッドコミュニティとなっている。

　この住宅の近くにあるコルビッツプラッツ辺りでは、元の住民の 80% がいなくなった。共同住宅の住戸の購入費用は、$1 m^2$ 当たり 4,500 ユーロまで値上がりし、地価は徐々に上昇してきた（Venohr 2014）。

　旧東ドイツ時代のフリードリヒスハインには、労働者のための住宅が多かった。1990 年代の半ばには、フリードリヒスハインはベルリンのなかでも低所得の区であり、修復地区においてはフリードリヒスハインの世帯所得の水準よりも 15% は低かった。フリードリヒスハインの所得の上昇は、暮らし向きの良い人たちが非常に多く来住したことによるものであって、地元住民の所得の増加によるものではない（Bouali 2013）。

　ベルリンの壁崩壊後、フリードリヒスハインには低所得者にアフォーダブルな住宅を提供する市所有のアパートがあった。2002 年から 2007 年の間にベルリン市は、市有の約 110,000 戸のアパートを売却し、市補助のある 28,000 戸のアパートのプログラムを削減した。所有者がかわり、改装が行われた住宅

の居住者の場合、必要以上の改装により居住費用が増加したため、ノイケルンのような家賃の低いところへ移らざるを得ないのである（Cottrell 2011）。

　すなわち、2006年以降修復後の家賃の上限の廃止が決定された影響は大きく、社会的排除の過程を阻止することを困難にしたのである（Bouali 2013）。2000年代後半には、長期の賃貸合意と新しい賃貸契約との差が生じるようになり、低所得の居住者と、家賃の増加を見込む所有者とは対立し、それが立ち退きへの圧力を強めることとなった（Holm 2013）。

　写真9-6は、フリードリヒスハインのカールマルクス通より北の地域にある、老朽化した住宅とその隣接地にある空閑地である。老朽化した住宅は修復対象となり、隣の空閑地は新築住宅の用地として活用される予定であり、空閑地には、建設予定の共同住宅についての広告があった。

　広告の看板には「都市居住の芸術」と書かれ、高級な建築であることが記されていた。56戸が供給され、1部屋から5部屋のものまである。広告には、屋上テラス、バルコニー、システムキッチン、木張りの床、床暖房、近代的な

写真9-6　アウエル通とリチャードゾルゲ通の角地にある修復される住宅と住宅開発用地
（2015年3月6日）

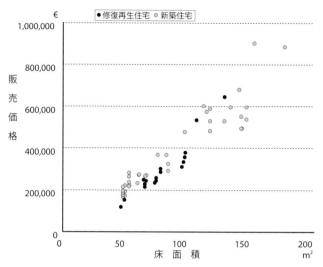

図 9-5　修復再生住宅と新築住宅における分譲価格と床面積（2015 年 3 月 13 日）
GREENVILLAGE THE ART OF LIVING（http://www.greenvillageberlin.de）により作成．

設備、庭園や遊び場などを備えていることが記されていた。

　図 9-5 は、この共同住宅の建設によって供給される住戸の床面積と販売価格を示している。床面積が広くなるにつれて、価格も高くなっている。住戸の半数の価格は 40 万ユーロ以上であり、なかには 80 万ユーロ以上の高価なものもある。修復される建物はもとの建物の構造の影響があり、床面積は大きくなく、価格も 40 万ユーロ未満のものが大半である。一方、新築される住戸の方が価格はより高くなっている。新築住戸のうち最高価格 90 万ユーロの物件には、屋上テラスが付けられている。この建物の新築部分では、屋上テラスやバルコニーをつけたことがセールスポイントとなり、住宅の価格を押し上げたのである。

2）歴史的建築様式

　写真 9-7 は、改装予定の老朽化したグリュンダーツァイトの建築物であり、

ファサードには装飾が施されている。グリュンダーツァイトの時期に建てられた建物は、良い立地条件の割に家賃が低く、また天井が高く、気積が大きいことから人気が高い（大場 2011）。この建物の改装内容についての広告によると、床面積は 40 〜 257 m² の住戸に変えられること、30 〜 90 m² の店舗も含まれること、1800 年代後半のグリュンダーツァイトの歴史的建築物であること、全ての住戸に段差のないこと、歴史的建築物の保存に関して税の控除対象となる可能性について記されている（写真 9-7）。2008・2009 年に税の控除対象となった住戸は、ミッテ区では 492 戸、パンコー区では 1,466 戸、フリードリヒスハイン・クロイツベルク区では 384 戸であり、近代化への投資額はミッテ区では 46,639,853 ユーロ、パンコー区では 133,975,031 ユーロ、フリードリヒスハイン・クロイツベルク区では 23,602,564 ユーロであった（Franz 2015）。税の控除により、投資が誘発されたのである。

フリードリヒスハインでは老朽化した住宅の修復・改装による再生に加えて、写真 9-8 のような住宅の新築工事も多い。建設予定地には広告の看板があ

写真 9-7　ベルフォルター通にある改修予定のグリュンダーツァイト住宅と改修内容の広告
（2015 年 3 月 6 日）

写真9-8 ヘルマーディンク通における住宅開発（2015年3月6日）

り、50〜190m²の住戸の分譲であることが示されていた。当地には、7棟の種類の異なった建築様式のイメージを有する住宅が建設される。その建築様式のイメージは、ベルリンの歴史的な建築様式であるグリュンダーツァイトが1棟、1900年頃のパリやロンドンのものが1棟、1900年頃のパリやニューオリンズのものが5棟である（表9-1）。ベルリンのこの地域の住宅地としての歴史的特性とは全く異なるものが、建設されつつある。

表9-1 新築共同住宅の建築様式のイメージ

Haus	Inspiration
1	Paris, New Orleans um 1900
2	Gründerzeit in Berlin
3	Paris, London um 1900
4	Paris, New Orleans um 1900
5	Paris, New Orleans um 1900
6	Paris, New Orleans um 1900
7	Paris, New Orleans um 1900

revaler-spitzeのWebページ（http://www.revaler-spitze.de/index.php 2015年10月15日閲覧）により作成。

　ジェントリファイアーは、様式建築の歴史的な価値体系だけではなく、現代的なアメニティを重視するためである。このため、地域の伝統的な様式だけでなく、他の時代や地域に見られる様式をモチーフとして新たに建設されたポストモダンのアパートやコンドミニアムも、彼・彼女たちの趣味にかなうので

写真 9-9　カスタニエン通にある歴史的住宅とファサードに記された主張（2014 年 9 月 28 日）

ある（Mills 1988，1991）。ジェントリファイアーは、スタイリッシュであることを重要視しており、そのような景観には、伝統的なものばかりではなくキッチュが含まれていても大きな問題ではなく、美意識よりも社会的識別を獲得することによって、彼・彼女たちは満足するのである（Jager 1986，藤塚 1994）。

　このような歴史的建築物からなる景観の喪失は、地域で受け入れられているわけではない。写真 9-9 は、プレンツラウアーベルクのカスタニエン通にある歴史的住宅であり、両横の住宅は修復・改装されている。歴史的住宅には、「資本主義　規格化　台無しにする　滅ぼす」というドイツ語による主張がある。すなわち、地域の歴史的景観を無視して、他国の都市の住宅に似せて作られる、資本主義的な規格化された住宅は、このような歴史的住宅を台無しにし、ひいては、地域の歴史的な文脈を消滅させることを意味している。

V　おわりに

　本章では、社会主義後のベルリン東部におけるジェントリフィケーションの変化とその影響について検討した結果、次の三点が明らかになった。

　第一は、ジェントリフィケーションの発現地域の変化である。都心のミッテでは急速に商業・サービス業の集積が進む一方で、元来良好な住宅地であったプレンツラウアーベルクでは、1990年代以降老朽化した建物の改装への助成によってジェントリフィケーションが進行した。2000年代半ば以降には、フリードリヒスハインにおいて、都心に比較的近いところでの人口増加が顕著であった。

　第二は、1990年代に起こったジェントリフィケーションとは異なる、2000年代半ば以降の発現要因が明らかになった。シュプレー川沿岸地域では、旧東港の再開発により創造的企業と多国籍企業が集積し、それに近いところで外国人の居住者が多くなった。都市政府は地代格差を認識しており、1990年代半ば以降の修復地区のプログラムや、社会的都市のプログラムによって、道路や公園などの生活環境が整備され、居住地として格上げされた。修復地区として指定された地区では、環境整備が進められたが、それ以外の場所で新築の共同住宅開発が行われた。

　第三に、この地域特有のグリュンダーツァイトの建築様式の建物が老朽化しており、それを再生した共同住宅が注目されていることを確認した。それとともに同時代の他都市の建築様式を模した新築の共同住宅も、新規来住者の動向に影響を及ぼしていた。修復される建物が少なくなる一方で、共同住宅の新築が行われ、それによる住戸の価格が高騰しており、不動産市場への影響は大きい。

　2015年6月1日には、ドイツの大都市で家賃の高騰を抑制する「家賃ブレーキ」が施行された（Berlin.de 2015）。賃貸住宅に有効な施策ではあるが、住宅の持ち家化によって進行するジェントリフィケーションには直接的な影響はないため、ベルリン東部における地代の上昇に歯止めがかかるかどうか、後の検証が必要となる。

第10章

脱成長社会における
ジェントリフィケーション
—大阪市福島区の事例—

I　はじめに

　これまで大都市の市街地は拡大してきたが、脱成長社会においては、地球環境の保護と、高齢化社会への住宅供給、中心市街地の活性化の観点に配慮しなければならない。先進国では、中心市街地の人口密度を高めようとしている。先進国の大都市は、ブラウンフィールドを含む低・未利用地の新たな利用を計画している。たとえば、ロンドンでは、川や運河沿いのブラウンフィールドの地域を再活性化するために、「ブルーリボンネットワーク」が形成された（リビングストン編 2005）。

　日本では、都市再生のためのビジョンに関するレポート（社会資本整備審議会 2003.12.24）が発行され、その中では持続可能な都市にとっての適切な都市基盤の必要性について次のように記している。

　　21世紀を迎えた今、都市は、歴史的な転換点を迎えている。
　　今後、我が国の都市は、街並みや住宅、社会資本の質において依然として多くの「負の遺産」を抱えたまま、人口の減少をともないつつ、空洞化が進む「市街地縮小の時代」と言うべき、今まで経験したことのない新たな局面に突入しようとしている。また、既に世界最高水準の少子・高齢化が更に進み、2030年代には、65歳以上の高齢者が3割を超すなど人口構造の大きな変化が予想される。
　　国民の8割が都市に生まれ育ち、学び、働き、集い、憩い、そして

一生を終える今、コミュニティ（地域社会）が持続できる「生活・活動・交流」の場としての都市再生が急務である。
　また、都市を再生することが、世界中の人々を我が国に惹きつけ、国際競争力を増し、経済社会の活性化につながる。大都市、地方都市を問わず、それぞれの経済・文化の蓄積の上に、それぞれの都市が自ら知恵と個性を競い合い、光り輝いていくことが求められている。

　上記の都市再生へのビジョンには、三つの点に焦点が当てられている。第一に、景気拡大期において立ち退きさせられた土地に関してである。1980年代から1990年代初頭にかけて、地価は著しく高騰したため、中心業務地区近くの不動産が投機的取引のために買い上げられ、その後、他の投機家に転売された。多くの土地は、後に他用途へ容易に転用できる駐車場をつくるために統合された。しかしながら、景気後退後の1990年代後半には、きわめて地価が低くなったために、駐車場としてそのまま置かれることが多かった（Fujitsuka 2005）。これに関して政府は、規制緩和により民間による開発を刺激しようとした。

　第二に、高齢社会に対応するため、公共交通機関の駅から徒歩圏内に高齢者のための居住空間を確保する必要があることが示された。

　第三に、伝統的住宅と高い質の近代建築の保全と修復についてである。このビジョンでは、「都市をはじめとする生活空間の現状は、その持てる投資余力、経済力から見ても、美しさや豊かさの点において不十分である。これは、特に戦後のまちづくりが、効率性や機能を優先してきたことや、建築活動における『建築自由』の状況が背景にある」と言及した（都市再生ビジョン研究会編 2004）。

　東京と大阪は、世界各地から人々を惹きつける重要な都市である（社会資本整備審議会　2003.12.24: 25）。東京では、新築のジェントリフィケーションが報告された（Lützeler 2008）。大阪では、難波（2000）がジェントリフィケーションにより商店街が地域住民の顧客を失っていることを指摘した。

　本章では、都市再生、持続可能な社会、都市景観の観点から大阪におけるジェ

ントリフィケーションを検証する。研究目的は、主に次の三点である。2000年代のジェントリフィケーションと都市再生政策との関係を明らかにすること、高齢者のための都市住宅とコミュニティについて精査すること、ジェントリフィケーションが都市景観に調和するかどうかを検討することである。

II 2000年代におけるジェントリフィケーションと都市政策

　1980年代における日本の大都市の中心地域の人口は、業務用ビルの建設のために減少した。1990年代には、東京では住宅附置制度が導入され（岸野1990, 吉田1990）、大阪においても導入された。これらの制度の特徴は、業務用建物と住宅が建設される場合には、許容床面積のボーナスが付加されることであった。東京都中央区においては、住宅附置制度は人口回復に重要な影響を与えた。1990年代後半には、東京の中心部において大きな人口回復が起こった。2004年に東京都中央区は、人口が10万人台に回復したため、住宅附置制度を廃止した。

　大阪市においては、住宅附置制度は1994年に導入された（大阪市 2013.4.1a）が、適用事例は起こらなかった。開発業者は、混合用途の建物を建設すると、コストが高いために避けたことがひとつの理由である。さらに、オフィス需要が景気後退後に低かったこともある。

　2001年以降、政府は高層共同住宅の建設に対し規制緩和を行った。公共利用のためのオープンスペースを建物の周囲に設けた場合、高さと床面積の規制を緩和したことも、重大な影響を与えた。

　2004年にはじめられた都市再生政策により、日本の主要大都市の中心部では都市再生緊急整備地域が指定された。大阪市の都市再生地区では、都心住宅地域において床面積のボーナスが与えられた（図10-1）。政府は、これらの地区において民間の都市開発へのインセンティブを与えて、高度地区における高度規制の緩和と、床面積における用途地域規制を緩和した。超高層共同住宅が、この規制緩和によって建設されることとなった（Sorensen et al. 2010,

152　第10章　脱成長社会におけるジェントリフィケーション

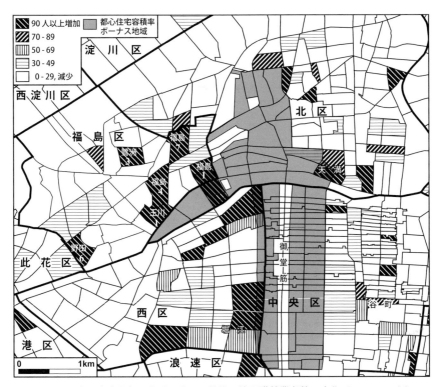

図10-1　大阪市中心部における専門・技術，管理職就業者数の変化（2005-2010年）
国勢調査と大阪市（2013.4.1.b）により作成。

Sorensen 2011，山口 2012）。

　本章では、大阪市中心部におけるジェントリフィケーションの指標として、2000年代後半の専門・技術,管理職就業者数の増減を用いる（図10-1）。専門・技術，管理職就業者は、特に堀江、谷町、天満、福島において増加した。

　西区では、1980年代の共同住宅の建設によって、都市の変化が始まっている（香川 1988）。堀江には、家具やインテリアを扱う立花商店街がある。2000年代に商店街がオレンジストリートとして再生され、若者の関心を集めた（立見 2008）。立花商店街の家具店のなかには、衣料品店へコンバージョンされたものもある（川口 2008）。

谷町六丁目の周辺地区は、空堀と呼ばれている。空堀地区は、第二次世界大戦の空襲を免れ、木造の戸建住宅や長屋が多くある。2001 年には、路地沿いの木造長屋などから構成される景観を守るために、空堀倶楽部がつくられた（六波羅 2008）。2004 年には、大阪市は伝統的な住宅を守り、修復するために、HOPE ゾーンを設定した（吉野 2006）。長屋の多くは、店舗やカフェ、レストランに再利用され、当地区ではアーティストや観光客を惹きつけている。

　天満では、便利な商店街や小学校への需要が大きく、共同住宅が建設されて、家族世帯を惹きつけている（徳田ほか 2009）。

　福島区は、自動車部品工業、メリヤス製造業、印刷業、配送業など多くの産業の拠点であった。梅田には、広大な貨物ヤードがあった。梅田の貨物ヤードへの近さは、モータリゼーション前にはこれらの製造業にとって重要な立地要因であった。鉄道輸送からトラック輸送への移行により、福島は製造業にとっての地理的優位性を失うこととなった。梅田貨物ヤード跡地は、商業・業務用に開発される計画である。2000 年代後半には、かつては工場や倉庫、病院であったところに高層共同住宅が建設され、地区の居住者階層は上方変動した。福島ではジェントリフィケーションにより、ブルーカラーが減少してきた。本章では、福島を事例としてとりあげる。

　都市再生地区は、大阪市中心部に指定された（図 10-1）。都市再生地区の一部は、福島 1 丁目の南東部であり、そこは大学病院の跡地であった。オフィスビルと、ショッピングセンター、超高層住宅がその街区に建てられた。共同住宅の地上階には商業施設と公開空地があり、人々でにぎわっている。このような施設を備えることによって、床面積のボーナスが加算されたため、共同住宅は 50 階建てとして建てられた。

Ⅲ　ジェントリフィケーションと周辺のコミュニティ

　都市再生ビジョンでは、公共交通機関の駅近くに高齢者の住居を確保することの重要性を明らかにした（社会資本整備審議会 2003.12.24）。本節では、

154　第10章　脱成長社会におけるジェントリフィケーション

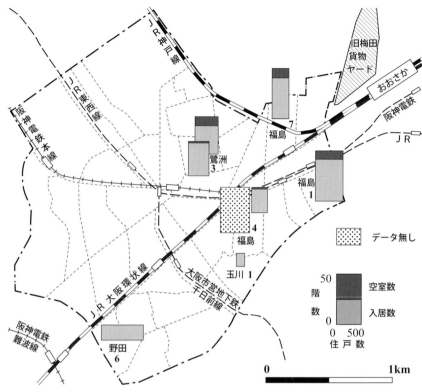

図10-2　福島区における高層共同住宅の規模と空室（2010年）
国勢調査と現地調査により作成。

高層共同住宅をめぐるコミュニティについて検証する。

　図10-2は、福島区における2000年代後半に建設された高層共同住宅の位置と、階数と住戸数、ならびに、居住世帯数と空室数を示している。共同住宅は、JRや阪神電鉄、地下鉄の駅近くに立地している。住戸数と国勢調査に示される居住世帯数の差が、空室として示される。セカンドハウスとしての所有や、国勢調査を拒否した場合も、空室の数値に含まれる。

　共同住宅の高さは、大阪駅に近いほど高い。福島1丁目と福島7丁目の共同住宅は、50階建てである。野田6丁目の共同住宅は15階建てで、空室率はわずか1%である。玉川1丁目の共同住宅は13階建てで、空室はない。大

Ⅲ　ジェントリフィケーションと周辺のコミュニティ

写真 10-1　工場の近くに建設された超高層住宅（2013 年 2 月 2 日）
福島 4 丁目にて撮影。

写真 10-2　超高層住宅の近隣にある批判の垂れ幕（2013 年 2 月 2 日）
福島 4 丁目にて撮影。

表 10-1 福島区町丁別コーホート人口変化（2005～2010年）

年齢5歳階級	福島1	福島4	福島7	玉川1	野田6	鷺洲3
→ 0- 4	67	89	73	176	372	264
0- 4 → 5- 9	16	-8	4	-18	209	-2
5- 9 → 10-14	17	7	10	-23	52	12
10-14 → 15-19	22	81	108	1	48	33
15-19 → 20-24	48	13	94	24	59	94
20-24 → 25-29	77	52	138	86	101	186
25-29 → 30-34	103	82	151	94	303	233
30-34 → 35-39	100	52	121	18	399	177
35-39 → 40-44	79	30	61	-26	173	91
40-44 → 45-49	74	1	48	10	101	95
45-49 → 50-54	66	6	23	25	67	53
50-54 → 55-59	50	14	43	-6	70	30
55-59 → 60-64	68	-3	13	-8	63	25
60-64 → 65-69	31	-12	15	-2	11	0
65-69 → 70-74	30	-9	3	-18	23	9
70-74 → 75-79	10	-7	5	-5	26	0
75- → 80-	0	-38	-22	-34	35	-42
人口増減	899	374	876	302	2,120	1,285

国勢調査（小地域別集計結果）により作成。

阪駅に近い共同住宅ほど、空室率は高い。これらより、余剰住戸の存在が明らかになり、開発業者はより低い共同住宅を建設した方がよいといえる。

　写真 10-1 は、工場の近くに建設された超高層住宅である。福島4丁目にある商工会館には、この共同住宅の将来の購入者に対して、超高層の建物に起因する強風被害について、痛烈な批判の垂れ幕が掲げられていた（写真 10-2）。超高層共同住宅は、コミュニティにおいて建築紛争を起したのである。

　表 10-1 は、共同住宅の建てられた町丁目における5歳階級別年齢構成の変化を示している。65歳以上の高齢者は、25歳から44歳までと同様に、福島1丁目と野田6丁目で増加し、4歳以下の子どもも増加した。こうした変化は、福島区における家族世帯の流入を意味している。高層共同住宅の住戸の多くは、年金で生活している高齢者には手の届く価格ではないので、高齢者の居住は少ない。すなわち、これらの共同住宅は、公共交通機関の駅の近くに住む高齢者を助けるものとは言えない。

Ⅳ　ジェントリフィケーションの都市景観

　都市再生ビジョンにおいて、都市美空間は不十分であることが指摘された。第二次世界大戦後の「建築の自由」は、効率性や機能性に力点が置かれて、都市景観に負の遺産をもたらした（社会資本整備審議会 2003.12.24:15）。

　ロンドンにおける Glass（1964）のジェントリフィケーションの報告から、すでに 50 年が経過した。ジェントリフィケーションの古典的な形態は、古い住宅を修復して、新規来住者の住居とするものであり、都市景観は保存される。

　1990 年代以降、ジェントリフィケーションの物的な状況が変化してきている。ロンドンでは、テムズ川沿いで、古い工場や倉庫の跡地に新築のジェントリフィケーションが起こった（Davidson and Lees 2005, 2010）。

　Smith N.（1996:39）は、「もはや狭い住宅市場に限られるものではなく、最先端の居住による都市中心部の景観に関する階級の再形成である」と述べている。すなわち、彼は都市景観の変化に注視しており、本節においてもこの点について検証する。

　写真 10-3 は、歴史的な長屋住宅の近くに建てられた超高層共同住宅を示し

写真 10-3　福島 1 丁目における長屋住宅近くの超高層住宅（2013 年 7 月 25 日）

ている。長屋住宅前の駐車場は、かつて長屋住宅があったところである。石畳の舗装路は、長屋住宅の間にあったものである。1980年代に地価が高騰し、長屋住宅の居住者は立ち退きさせられて、住宅は取り壊された。1990年代以降、地価は大きく下落し、その跡地は駐車場となっていた。

　政府は、東京や大阪へ世界から人々を惹きつけるために、歴史的文化的資源の活用を指摘した（社会資本整備審議会 2003.12.24）。しかしながら、長屋住宅のような歴史的な住宅が失われてしまうことは、深刻な問題である。

　福島区にある多くの住宅は、戦災を免れた（谷・竹原編 2013）。生産工程・労務作業者は、長屋住宅に住んでいた（大阪都市住宅史編集委員会編 1989）。しかしながら、大阪市ではそのような長屋住宅を保全する十分な施策はない。問題のひとつは、長屋住宅のような歴史的住宅が失われることである。長屋住宅は、若者からコンバージョンの対象と見られている（都市大阪創成研究会編 2009）。長屋住宅のなかには、飲食店にコンバージョンされたものもある（写真 10-4）。

写真 10-4　飲食店にコンバージョンされた長屋住宅（2013年7月25日）
　福島2丁目にて撮影。

写真 10-5　都市景観資源の教会と隣接する超高層住宅 （2013 年 7 月 18 日）
福島 7 丁目にて撮影。

　超高層共同住宅の建設は、福島 7 丁目において、都市景観のミスマッチをもたらした。福島 7 丁目では、重要な歴史的な教会が都市景観資源として登録されている（大阪市 2012.12.21）。その教会に隣接して、超高層共同住宅が建てられ、都市景観の観点からは、その教会と共同住宅に調和はない（写真10-5）。

V　おわりに

　本章では、規制緩和により高層住宅の建設が惹起されたことを示した。高層住宅の空室率から判断して、住戸の過剰供給がある。これらの住宅は、公共交通機関の駅に近いため、高齢者にとっては魅力的であると想定されるけれども、共同住宅居住者の多くは若年層であり、高齢者は少ない。

　都市景観保全の観点では、政府は「建築の自由」を批判した。大阪市は、都市景観資源として歴史的建築物を指定したが、その近くにある超高層住宅が、

歴史的建築物からなる低層の町並み景観を破壊した。超高層住宅は、近隣において建築紛争も発生させた。

　脱成長社会において、ジェントリフィケーションは都市の変化に重大な影響を与えるので、コミュニティに負の影響を与えないように制御する必要がある。

文　献

青山吉隆編　2002『職住共存の都心再生』学芸出版社.
阿部和俊　2007「人文地理学のアイデンティティを考える―都市地理学を中心に―」, 人文地理 59(5): 52-66.
池田真利子　2014a「文化的占拠の葛藤と都市変容における自由空間としての役割―旧東ベルリン地区タヘレスを事例として―」, 地理学評論 87(3): 224-247.
池田真利子　2014b「ベルリンの旧東西境界域における構造的変容と文化施設を巡る葛藤」, 日本地理学会春季学術大会予稿集 85: 118.
石井雄二　1997「金融の自由化・国際化と東京一極集中の地域構造―1980年代の都市銀行の活動を中心に―」阪南論集. 社会科学編 32(4): 117-134.
上野勝代・岩部玲子・奥野修・岡野路子・吉野正治 1991「都心居住地におけるマンション建設とそれがもたらす生活・コミュニティへの影響―京都市における伝統的地場産業地域・城巽元学区の場合 -1- 建物の特徴と居住者の特性―」京都府立大学学術報告（理学・生活科学）42: 85-96.
牛島千尋　1992「東京の産業構造の再編成」, 高橋勇悦編『大都市社会のリストラクチャリング―東京のインナーシティ問題―』, 39-60, 日本評論社.
大阪市　2012.12.21「都市景観資源」(http://www.city.osaka.lg.jp/toshikeikaku/cmsfiles/contents/0000017/17850/list.pdf　2014年1月17日閲覧)
大阪市　2013.4.1a「住宅附置誘導制度」(http://www.city.osaka.lg.jp/toshikeikaku/page/0000004899.html　2014年1月16日閲覧)
大阪市　2013.4.1b「大阪市総合設計許可取扱要綱実施基準」(http://www.city.osaka.lg.jp/toshikeikaku/cmsfiles/contents/0000012/12322/soukei-kijyun-1.pdf　2014年1月17日閲覧)
大阪都市住宅史編集委員会編　1989『まちに住まう―大阪都市住宅史―』平凡社.
大場茂明　2011「ドイツにおける都市再生の新たな取組み―衰退地区からトレンディ・エリアへ―」, 日本都市学会年報 44: 129-137.
大吉孝幸　1988「既成市街地における集合住宅開発とその展開―東京都江東区の工

場跡地を例として—」，地理誌叢 30(1): 25-36.
折原　恵　2002『屋上のとんがり帽子』福音館.
香川貴志　1988「高層住宅の立地にともなう都心周辺部の変化—大阪市西区におけるケーススタディ—」，地理学評論 61A(4): 350-368.
香川貴志　1989「高層住宅の居住者の属性に関する一考察—大阪市西区におけるケーススタディ」，立命館地理学 1: 111-120.
香川貴志　1993「大阪 30km 圏における民間分譲中高層住宅の供給構造」，地理学評論 66(11): 683-702.
加藤邦彦・樋口繁樹・片方信也・山本善積　1984　「西陣における生産空間の再配置計画に関する研究（その2）—生産様式の変容からみた土地利用の変化—」，日本建築学会近畿支部研究報告集・計画系 24: 521-524.
鎌田宜夫・森本信明・大村謙二郎　1990「都心地区における就業形態の変化と新しい住宅需要—ニューサービス業従事者外国人就労・就学者そして単身・小世帯の動向の視点から—」，日本不動産学会誌 6(1): 16-28.
川口夏希　2008「更新された商業空間にみるストリート・ファッションの生成」，人文地理 60(5): 443-461.
川崎興太　2009『ローカルルールによる都市再生—東京都中央区のまちづくりの展開と諸相—』鹿島出版会.
川端基夫　1996　都心問屋街「室町」における規制，井口富夫編『規制緩和と地域経済—京都市と周辺地域の動向—』，233-260，税務経理協会.
上林千恵子　1992「都市型産業の展開と必要労働力の変化—就業形態の多様化と専門技術・管理職，外国人労働者の増大—」，都市問題 83(7): 55-68.
上林研二　1991「西陣地区の再生にむけての課題—都市計画上の問題を中心として—」，京都商工情報 148: 45-57.
岸野　勇　1990「住宅付置義務要綱—東京都新宿区—」，地域開発 311: 41-44.
金　基虎　1997「韓国の都市保存の課題と展望—韓屋保存地区嘉会洞の事例—」，都市問題 88(11): 43-62.
倉沢　進　1983「大都市における地域社会の変貌」，都市計画 125: 18-22.
小林浩二　1996　旧東ドイツの都市の変化，小林浩二編『ドイツが変わる 東欧が変わる』，73-99，二宮書店.
小森星児　1977「住宅問題の社会地理学（下）」，都市問題研究 29(7): 108-122.
小森星児　1983「日本のインナーシティ問題の特質と課題」，都市計画 125: 11-17.

今野修平　1993「東京一極集中の要因と対応策」，都市問題研究 45(2): 30-46.
佐藤哲章　1983「工場移転による地域変貌と地域再生への方向を求めて―「江東区集合住宅白書」より―」，都市計画 125: 72-78.
笹田友三郎　1970「変わりゆく伝統産業―西陣の地理―」，地理 15(9): 20-26.
社会資本整備審議会　2003.12.24『都市再生ビジョン―「国際化，情報化，高齢化，人口減少等 21 世紀の新しい潮流に対応した都市再生のあり方はいかにあるべきか」答申―』(http://www.mlit.go.jp/kisha/kisha03/04/041224/01.pdf　2013 年 12 月 18 日閲覧).
園部雅久　2001『現代大都市社会論』東信堂.
志村秀明　2008「タワーマンションをめぐる地域コンフリクトの最前線―東京都中央区佃・月島地区（特集 高層居住と足もとのまち）―」，建築とまちづくり 371: 17-22.
大都市企画主管者会議　1982『大都市のインナーシティ』，大都市企画主管者会議, 78.
高木恒一　1994「空間再編と下位文化の生成―東京都心地区の集合住宅を事例として―」，都市問題 85(8): 89-98.
高木恒一　1996「都心再開発地区における居住者の変容」，都市問題 87(6): 99-109.
高橋勇悦編　1992『大都市社会のリストラクチャリング―東京のインナーシティ問題―』，日本評論社.
巽　和夫・町家型集合住宅研究会編　1999『町家型集合住宅』学芸出版社.
立見淳哉　2008　文化産業と知識の局地的生産，伊藤喜栄・藤塚吉浩編『図説 21 世紀日本の地域問題』，12-13, 古今書院.
谷　直樹・竹原義二編　2013『いきている長屋―大阪市大モデルの構築―』大阪公立大学共同出版会.
中央区区民新聞　2004.7.12　「区長に会発足を報告　日本橋問屋街『街づくり協議会』」http://www.tokyochuo.net/news/press/2004/07_12/press_02.html　(2016 年 12 月 1 日閲覧)
道上真有　2013『住宅貧乏都市モスクワ』東洋書店.
徳田　剛・妻木進吾・鯵坂　学　2009「大阪市における都心回帰―1980 年以降の統計データの分析から―」，評論・社会科学 88: 1-43.
都市大阪創成研究会編　2009『野田＋福島―路地裏から「ほたるまち」まで―』創

元社.

都市再生ビジョン研究会編　2004『市街地縮小時代のまちづくり―都市再生ビジョンを読む―』ぎょうせい.

成田孝三　1977「郊外化と中心市」,経済学雑誌 76(1):29-69.

成田孝三　1979「わが国大都市のインナーシティと都市政策」,季刊経済研究 1(3・4): 43-68.

成田孝三　1980「大都市の再生―"都市への回帰"を中心として―」,市政研究, 49: 82-90.

成田孝三　1981 アメリカにおける都市再生の動向と問題点―ジェントリフィケーションを中心として―, 大阪市立大学経済研究所編『大都市の衰退と再生』, 233-262, 東京大学出版会.

成田孝三　1987「ジェントリフィケーション再考」, 季刊経済研究 9(4):64-87.

成田孝三　1990　再都市化段階の東京・大阪, 大阪市立大学経済研究所編『世界の大都市 7　東京・大阪』, 1-36, 東京大学出版会.

成田孝三　1995『転換期の都市と都市圏』地人書房.

成田孝三　1999　大都市衰退地区の再生―磁場としての大都市インナーエリア―, 奥田道大編『講座社会学 4　都市』, 65-104, 東京大学出版会.

難波孝志　2000「インナーシティの老朽密集住宅地区におけるジェントリフィケーション」, 名古屋短期大学研究紀要, 38: 109-123.

Barnekov, T.・Boyle, R.・Rich, D. 著, 深海隆恒・中井検裕訳　1992『都市開発と民活主義―イギリスとアメリカにおける経験―』学芸出版社.

早川和男　1987　『"狂乱"地価への提言』岩波書店.

林　剛史　1995『神戸市灘区南部におけるジェントリフィケーションの分析』日本大学大学院修士論文.

樋口繁樹・加藤邦彦・片方信也・山本善積　1984「西陣における生産空間の再配置計画に関する研究（その 1）―大手資本形成下の生産空間の変容―」, 日本建築学会近畿支部研究報告集・計画系 24: 517-520.

樋口正一郎　2010『イギリスの水辺都市再生―ウォーターフロントの環境デザイン―』鹿島出版会.

廣松　悟　1992「都市政治とジェントリフィケーション―1970 年代のトロント市における都市改良運動の成立と改良派市政の効果を巡る一考察」, 人文地理 44(2): 219-241.

藤塚吉浩　1990「京都市都心部の空間変容―更新建築物の分析を中心として―」，人文地理 42(5): 466-476.
藤塚吉浩　1992「京都市西陣地区におけるジェントリフィケーションの兆候」，人文地理 44(4): 495-506.
藤塚吉浩　1994「ジェントリフィケーション―海外諸国の研究動向と日本における研究の可能性―」，人文地理 46(5): 496-514.
藤塚吉浩　2007a　ニューヨーク市におけるジェントリフィケーション，漆原和子・藤塚吉浩・松山　洋・大西宏治編『図説　世界の地域問題』，76-77，ナカニシヤ出版.
藤塚吉浩　2007b　ロンドンのインナーシティ問題，漆原和子・藤塚吉浩・松山　洋・大西宏治編『図説　世界の地域問題』，98-99，ナカニシヤ出版.
藤塚吉浩　2013　「ロンドンのテムズ川沿岸における新築のジェントリフィケーション」，都市地理学 8: 82-89.
藤塚吉浩　2014a「ロンドン，ニューヨーク，東京におけるジェントリフィケーション」，日本都市学会年報，47: 277-282.
藤塚吉浩　2014b「ジェントリフィケーションの新たな展開」，地理 59(4): 48-53.
藤塚吉浩　2015「ニューヨーク市ブルックリン北部におけるジェントリフィケーション―2000年代の変化―」都市地理学 10: 34-42.
藤塚吉浩　2016　卸売業の衰退，藤塚吉浩・高柳長直編『図説　日本の都市問題』，50-51，古今書院.
フンク カロリン　2007「近隣地区における社会構造の安定をめざすまちづくり―ベルリンの事例から―」，地理科学 62(3): 161-176.
ベル ダニエル著，内田忠夫ほか訳　1975『脱工業化社会の到来（上・下）』，ダイヤモンド社.
本庄榮治郎　1930『増改訂版　西陣研究』，改造社.
町村敬志　1986　都市社会と都市空間の関係性―東京の都市空間の変容，吉原直樹・岩崎信彦編『都市論のフロンティア―《新都市社会学》の挑戦』，69-98，有斐閣.
松井久美枝　1979「大都市機業地域西陣の地域構造―その中心と縁辺部における実態調査より―」，人文地理 31(2): 117-136.
松本通晴　1968「西陣機業者の地域生活―とくに西陣機業を規定する地域生活の特質について―」，人文学 109: 1-31.
宮澤　仁・阿部　隆　2005「1990年代後半の東京都心部における人口回復と住民構成の変化―国勢調査小地域集計結果の分析から―」，地理学評論 78: 893-912.

ミルズ C. ライト著, 杉　政孝訳　1957『ホワイト・カラー―中流階級の生活探究―』, 東京創元社.

森　正人　2012『歴史発見！ロンドン案内』, 洋泉社.

森田孝夫　1991「西陣地区における住宅の変容と空間利用の将来像」, 京都商工情報 148: 30-44.

安田　孝　1986「都市型集合住宅の動向」, 都市計画 140: 21-27.

矢部直人　2003「1990 年代後半の東京都心における人口回帰現象―港区における住民アンケート調査の分析を中心として―」, 人文地理 55(3): 277-292.

山口　覚　2012「超高層住宅の展開―『高級さ』と『大衆化』をめぐって―」, 関西学院史学 39: 67-105.

山口岳志　1981「Gentrification 考」, 東京大学教養学部人文科学科紀要 73: 41-52.

山口岳志　1984「大都市内部における人口環流現象―アメリカ合衆国の場合―」, 地域開発 237: 25-30.

山本　充　2000　ヴィシェグラード諸国における都市の変化, 小林浩二・佐々木博・森　和紀・加賀美雅弘・山本　充・中川聡史・呉羽正昭編『東欧革命後の中央ヨーロッパ―旧東ドイツ・ポーランド・チェコ・スロヴァキア・ハンガリーの挑戦―』, 41-55, 二宮書店.

Yuan, L. L.・Yuan B. 1998「シンガポールの保存による都市再開発」, 都市住宅学 21: 2-8.

由井義通　1986「広島市における中高層集合住宅の開発とその居住者の特性」, 人文地理 38(1): 56-77.

由井義通　1987「広島市における中高層集合住宅居住者の住居移動」, 地理学評論 60(12): 775-794.

由井義通　1991「住宅供給の類型別にみた居住者特性の分化―福岡市を事例として―」, 地理科学 46(4): 242-256.

由井義通・フンク カロリン・川田　力　2007「ドイツにおける住民参加のまちづくり―ハイデルベルグ, フライブルク, ベルリンの事例―」都市地理学 2: 46-56.

山崎正史　1994　今井から見た日本の町並みの動き, 渡辺定夫編『今井の町並み』, 141-148, 同朋舎出版.

吉田不曇　1990「住宅付置と住宅政策―東京都中央区―」, 地域開発, 311: 26-30.

吉野国夫　2006　空堀―HOPE 計画事業により再生を目指す, 西村幸夫編『路地からのまちづくり』, 128-140, 学芸出版社.

リビングストン ケン編 2005『ロンドンプラン―グレーター・ロンドンの空間開発戦略―』都市出版.

六波羅雅一 2008 長屋風情を守り成長させるマネジメントシステム―空堀から. 大阪市街地再開発促進協議会編『都市再生・街づくり学 大阪発・民主導の実践』, 112-121, 創元社.

Atkinson, R. 2000a. Measuring gentrification and displacement in Greater London. *Urban Studies* 37(1): 149-165.

Atkinson, R. 2000b. The hidden costs of gentrification: Displacement in central London. *Journal of Housing and the Built Environment*, 15(4): 307-326.

Atkinson, R. 2000c. Professionalization and displacement in Greater London. *Area* 32(3): 287-295.

Atkinson, R. and G. Bridge 2005. Introduction. Atkinson, R. and G. Bridge eds. *Gentrification in a Global Context: The New Urban Colonialism*. 1-17. London and New York: Routledge.

Atkinson, R. and G. Bridge eds. 2005 *Gentrification in a Global Context: The New Urban Colonialism*. London and New York: Routledge.

Auger, D. A. 1979. The politics of revitalization in gentrifying neighborhoods: the case of Boston's South End. *Journal of the American Planning Association* 45(4): 515-522.

Badcock, B. 1989. An Australian view of the rent gap hypothesis. *Annals of the Association of American Geographers* 79(1): 125-145.

Badcock, B. 1990. On the nonexistence of the rent gap: a reply. *Annals of the Association of American Geographers* 80(3): 459-461.

Badcock, B. A. 1995. Building upon the foundations of gentrification: inner city housing development in Australia in the 1990s. *Urban Geography* 16(1): 70-90.

Bader, I. and M. Bialluch 2009. Gentrification and the creative class in Berlin-Kreuzberg. Porter L. and K. Shaw eds. *Whose Urban Renaissance?: An International Comparison of Urban Regeneration Strategies*. 93-102. Oxon and New York: Routledge.

Beauregard, R. A. 1985. Politics, ideology and theories of gentrification. *Journal of Urban Affairs* 7: 51-62.

Beauregard, R. A. 1986. The chaos and complexity of gentrification. Smith, N. and P.

Williams eds. *Gentrification of the City*. 35-55.Boston: Allen & Unwin.
Beauregard, R. A. 1990. Trajectories of neighborhood change: the case of gentrification. *Environment and Planning A* 22(7): 855-874.
Berlin.de 2015. *Mietpreisbremse: Regelungen, Änderungen, Ausnahmen*. Das offizielle Hauptstadtportal 14. Dezember（http://www.berlin.de/special/immobilien-und-wohnen/mietrecht/3793279-739654-mietpreisbremse-regelungen-aenderungen-a.html　2015年11月10日閲覧）
Bernt M. and A. Holm 2005. Exploring the substance and style of gentrification: Berlin's 'Plenzlberg'. Rowland A. and G. Bridge eds. *Gentrification in a Global Context: The New Urban Colonialism*. 106-120. London and New York: Routledge.
Bernt, M., D. Rink and A. Holm 2010. Gentrificationforschung in Ostdeutschland: konzeptionelle Probleme und Forschungslücken. *Berichte zur Deutschen Landeskunde* 84(2): 185-203.
Bezirksamt Friedrichshain-Kreuzberg von Berlin 2011. *15 Jahre Sanierungsgebiet Traveplatz–Ostkreuz: Ergebnisse der Stadterneuerung und Perspektiven*. Berlin Senatsverwaltung für Stadtentwicklung. （http://www.stadtentwicklung.berlin.de/staedtebau/foerderprogramme/stadterneuerung/de/traveplatz/download/traveplatz_ostkreuz.pdf　2015年10月7日閲覧）
Bloomberg, M. R. and D. L. Doctoroff 2005. Greenpoint-Williamsburg inclusionary housing program. The City of New York（http://www.nyc.gov/html/dcp/pdf/greenpointwill/incl_housing_web.pdf　2014年11月20日閲覧）
Bondi, L. 1991. Gender divisions and gentrification: a critique. *Transactions, Institute of British Geographers New Series* 16: 190-198.
Bouali, K. 2013. Gentrifizierung in Friedrichshainer Altbauquartieren. Düspohl, M. und Friedrichshain-Kreuzberg Museum Hg. *Kleine Friedrichshaingeschichte*. 32-35. Berlin Story Verlag.
Bourne, L. S. 1993. The demise of gentrification?: a community and prospective view. *Urban Geography* 14: 95-107.
Bourassa, S. C. 1990. Another Australian view of the rent gap hypothesis. *Annals of the Association of American Geographers* 80(3): 458-459.
Bourassa, S. C. 1993. The rent gap debunked. *Urban Studies* 30(10): 1731-1744.
Bridge G. and R. Dowling 2001. Microgeographies of retailing and gentrification.

Australian Geographer, 32(1): 93-107.
Buckley, C. 2011. For Brooklyn renters, look but don't swim, *The New York Times*, 02 May（http://www.nytimes.com/2011/05/03/nyregion/brooklyn-neighbors-share-landlord-but-not-amenities.html?_r=0　2014 年 4 月 14 日閲覧）
Burgess, E. W. 1925, The growth of the city: an introduction to a research project. Park,R.E., E.W. Burgess and R.D. Mckenzie eds. *The City: Suggestions for Investigation of Human Behavior in the Urban Environment*. 47-62. The University of Chicago.
Butler, T. 2007. Re-urbanizing London Docklands: gentrification, suburbanization or new urbanism? *International Journal of Urban and Regional Research* 31: 759-781.
Butler, T. and G. Robson 2001. Social capital, gentrification and neighbourhood change in London: a comparison of three South London neighbourhoods. *Urban Studies* 38(12): 2145-2162.
Butler, T. with G. Robson 2003. *London Calling: The Middle Classes and the Remaking of Inner London*. Oxford: Berg Publishers.
Butler, T. and L. Lees 2006. Super-gentrification in Barnsbury, London: globalization and gentrifying global elites at the neighbourhood level. *Transactions, Institute of British Geographers New Series* 31(4): 467-487.
Charlesworth, J. and J. Robb 1988. Gentrification and housing improvement: the case of Nürnberg. *Planning Outlook* 31(2): 116-122.
Carpenter, J. and L. Lees 1995. Gentrification in New York, London and Paris. *International Journal of Urban and Regional Research* 19(2): 286-303.
Chatterton, P. and J. Pickerill 2010. Everyday activism and transitions towards post-capitalist worlds. *Transactions of the Institute of British Geographers* 35(4): 475-490.
Clark, E. 1987. *The Rent Gap and Urban Change: Case Studies in Malmö 1860-1985*. Lund University Press.
Clark, E. 1988. The rent gap and transformation of the built environment: case studies in Malmö 1860-1985. *Geografiska Annaler B* 70(2): 241-254.
Clark, E. 1992. On blindness, centrepieces and complementarity in gentrification theory. *Transactions, Institute of British Geographers New Series* 17(3): 359-363.

Clark, T. A. 1985. The interdependence among gentrifying neighborhoods: central Denver since 1970. *Urban Geography* 6: 246-273.

Cole, D. B. 1985. Gentrification, social character, and personal identity. *The Geographical Review* 75(2): 142-155.

Cottrell, C. 2011. Berlin's gentrification row: Locals rage against rising rents. *Spiegel,* September 8 (http://www.spiegel.de/international/germany/berlin-s-gentrification-row-locals-rage-against-rising-rents-a-784966.html　2015 年 1 月 27 日閲覧)

Couington, J. and R. B. Taylor 1989. Gentrification and crime: robbery and larceny changes in appreciating Baltimore neighborhoods during the 1970s. *Urban Affairs Quarterly* 25: 142-172.

Curran, W. 2007. 'From the frying pan to the oven': gentrification and the experience of industrial displacement in Williamsburg, Brooklyn. *Urban Studies* 44(8): 1427-1440.

Curran, W. 2010. In defense of old industrial spaces: manufacturing, creativity and innovation in Williamsburg, Brooklyn. *International Journal of Urban and Regional Research* 34(4): 871-885.

Curran, W. and S. Hanson 2005. Getting globalized: urban policy and industrial displacement in Williamsburg, Brooklyn. *Urban Geography,* 26(6): 461-482.

Cybriwsky, R. A. 1978. Social aspects of neighborhood change. *Annals of the Association of American Geographers* 68(1): 17-33.

Cybriwsky, R. 1998. *Tokyo: the Shogun's City at the Twenty-first Century.* Chichester: John Wiley & Sons.

Cybriwsky, R. A., D. Ley and J. Western 1986. The political and social construction of revitalized neighborhoods: Society Hill, Philadelphia, and False Creak, Vancouver. Smith, N. and P. Williams eds. *Gentrification of the City.* 92-120. Boston: Allen & Unwin.

Dangschat, J. 1991. Gentrification in Hamburg. Van Weesep, J. and S. Musterd eds. *Urban Housing for the Better-off: Gentrification in Europe.* 63-88. Utrecht: Stedelijke Netwerken,

Dantas, A. M. 1988. Overspill as an alternative style of gentrification: the case of Riverdale, Toronto. Bunting, T. E. and P. Filion eds. *The Changing Canadian Inner*

City. 73-86. Waterloo: University of Waterloo.

Davidson, M. 2007. Gentrification as global habitat: a process of class formation or corporate creation? *Transactions, Institute of British Geographers New Series* 32(4): 490-506.

Davidson, M. 2008. Spoiled mixture: where does state-led 'positive' gentrification end? *Urban Studies* 45(12): 2385-2405.

Davidson, M. 2009. London's Blue Ribbon Network: riverside renaissance along the Thames. Imrie, R., L. Lees and M. Raco eds. *Regenerating London: Governance, Sustainability and Community in a Global City*. 173-191. London and New York: Routledge.

Davidson, M. and L. Lees 2005. New-build 'gentrification' and London's riverside renaissance. *Environment and Planning A* 37(7): 1175-1190.

Davidson, M. and L. Lees 2010. New-build gentrification: its histories, trajectories, and critical geographies. *Population, Space and Place* 16(5): 395-411.

DeSena, J. N. 2009. *The Gentrification and Inequality in Brooklyn: New Kids on the Block*. Lanham: Lexington Books .

Dörfler T. 2010. *Gentrification in Prenzlauer Berg?* Bielefeld: Transcript.

Doucet, B. 2010. Living through gentrification: Subjective experiences of local, non-gentrifying residents in Leith, Edinburgh. *Nederlandse Geografische Studies* 391: 137-153.

Fahmi, W. and K. Sutton 2002. The rehabilitation of Old Cairo. *Habitat International*, 26(1): 73-93.

Filion, P. 1991. The gentrification - social structure dialectic: a Toronto case study. *International Journal of Urban and Regional Research* 15: 553-574.

Florida, R., 2002. *The Rise of the Creative Class: And How It's Transforming Work, Leisure, Community and Everyday Life*. Basic Books. フロリダ, R. 著, 井口典夫訳 2008『クリエイティブ資本論―新たな経済階級の台頭―』ダイヤモンド社.

Forrest, R., P. Kennett, and M. Izuhara 2003. Home ownership and economic change in Japan. *Housing Studies* 18(3): 277-293.

Franz, Y. 2015. *Gentrification in Neighbourhood Development: Case Studies from New York City, Berlin and Vienna*. Vienna: Vienna University Press.

Fujitsuka, Y. 2005. Gentrification and neighbourhood dynamics in Japan: the case of

Kyoto. Atkinson, R. and G. Bridge eds. *Gentrification in a Global Context: The New Urban Colonialism.* 137-150. London and New York: Routledge.

Gale, D. E. 1979. Middle class resettlement in older urban neighborhoods: the evidence and the implications. *Journal of the American Planning Association* 45(3): 293-304.

Gale, D. E. 1980. Neighborhood resettlement: Washington,D.C.. Laska, S. B. and D. Spain eds. *Back to the City: Issues in Neighborhood Renovation.* 95-115. New York: Pergamon Press.

Garside, J. 1993. Inner city gentrification in South Africa: the case of Woodstock, Cape Town. *GeoJournal* 30(1): 29-35.

Glass, R. 1964. Aspects of change. Centre for Urban Studies ed. *London: Aspects of Change*, xiii-xlii. London: MacGibon & Kee.

Gelézeau, V. 1997. Des « villages de la Lune » rénovés à Séoul: Reconstruction urbaine et ménage social. *Espace géographique*, 26(1): 1-11.

Gottlieb, D. 2014. Gentrificationprozesse am Beispiel des ehemaligen Sanierungsgebiets „Traveplaz-Ostkreuz" in Berlin-Friedrichshain. Diller, C. eds. *Gentrification in Berlin: Gesamtstädtische Betrachtungen - Fallstudien - Steuerungsmöglichkeiten.* 71-93. Aachen: Shaker Verlag.

Hackworth, J. 2001. Inner-city real estate investment, gentrification, and economic recession in New York City. *Environment and Planning A* 33(5): 863-880.

Hackworth, J. 2002. Postrecession gentrification in New York City. *Urban Affairs Review* 37(6): 815-843.

Hackworth, J. and Smith 2001. The changing state of gentrification. *Tijdschrift Voor Economische en Sociale Geografie* 92(4): 464-477.

Hamilton, F. E. I. 1979. Spatial structure in East European cities. French, R. A. and F. E. I. Hamilton eds. *The Socialist City: Spatial Structure and Urban Policy.* 195-261. Chichester: John Wiley & Sons.

Hamnett, C. 1973. Improvement grants as an indicator of gentrification in inner London. *Area* 5: 252-261.

Hamnett, C. 1984. Gentrification and residential location theory: a review and assessment. Herbert, D. T. and R. J. Johnston eds. *Geography and Urban Environment: Progress in Research and Applications,* 6: 283-319.

Hamnett, C. 1991. The blind men and the elephant: the explanation of gentrification. *Transactions of the Institute of British Geographers N.S.* 16(2): 173-189.

Hamnett, C. 1992. Gentrifiers or lemmings?: a response to Neil Smith. *Transactions, Institute of British Geographers New Series* 17(1): 116-119.

Hamnett, C. 2003. Gentrification and the middle-class remaking of inner London, 1961-2001. *Urban Studies* 40(12): 2401-2426.

Hartman, C. 1979. Comment on "Neighborhood revitalization and displacement: a review of the evidence". *Journal of the American Planning Association* 45(4): 488-491.

Hayakawa, K. and Y. Hirayama 1991. The impact of the minkatsu policy on Japanese housing and land use. *Environment and Planning D: Society and Space* 9(2): 151-164.

He, S. 2007. State-sponsored gentrification under market transition: the case of Shanghai. *Urban Affairs Review* 43(2): 171-198.

Heineberg, H. 1979. Service centres in East and West Berlin. French, R. A. and F. E. I. Hamilton eds. *The Socialist City: Spatial Structure and Urban Policy*. 305-334. Chichester: John Wiley & Sons.

Henig, J. 1984. Gentrification and displacement of the elderly: an empirical analysis. Palen, J. and B. London eds. *Gentrification, Displacement and Neighborhood revitalization*. 170-184. Albany: State University of New York Press.

Holm, A. 2006. *Die Restrukturierung des Raumes: Stadterneuerung der 90er Jahre in Ostberlin: Interessen und Machtverhältnisse*. Bielefeld: Transcript.

Holm, A. 2010. Townhouses, Urban Village, Car Loft. Berliner Luxuswohnanlagen als 'dritte Welle' der Gentrification. *Geographische Zeitschrift* 98(2): 100-115.

Holm, A. 2011. Gentrification in Berlin: Neue Investitionsstrategien und lokale Konflikte. Herrmann H., C. Keller, R. Neef and R. Ruhne eds. *Die Besonderheit des Städtischen: Entwicklungslinien der Stadt*. 213-232. Heidelberg: Springer.

Holm, A. 2013. Berlin's gentrification mainstream. Bernt, M., B. Grell and A. Holm eds. *The Berlin Reader: A Compendium on Urban Change and Activism*. 171-187. Bielefeld: Transcript.

Hoyt, H. 1939. *The Structure and Growth of Residential Neighborhoods in American Cities*. Washington, D. C.: Federal Housing Administration.

Jager, M. 1986. Class definition and the esthetics of gentrification: Victoriana in Melbourne. Smith, N. and P. Williams eds. *Gentrification of the City*. 78-91. Boston: Allen & Unwin.

Jones, G. A. and A. Varley 1999. The reconquest of the historic centre: urban conservation and gentrification in Puebla, Mexico. *Environment and Planning A* 31(9): 1547-1566.

Jung, A. 2014. Das Luxus-Problem. *Der Spiegel* 6/2014: 74-75.

Kain, R. 1981. *Planning for Conservation*. London: Mansell.

Kary, K. J. 1988. The gentrification of Toronto and the rent gap theory. Bunting, T. E. and P. Filion eds. *The Changing Canadian Inner City*. 53-72. Wateroo: University of Waterloo.

Kasinitz, P. 1983. Gentrification and homelessness: the single room occupant and the inner city revival. *The Urban and Social Change Review* 17: 9-14.

Kern, L. 2007. Reshaping the Boundaries of Public and Private Life: Gender, Condominium Development, and the Neoliberalization of Urban Living. *Urban Geography* 28(7): 657-681.

Kerstein, R. 1990. Stage Models of Gentrification: An Examination. *Urban Affairs Quarterly* 25(4) : 620-639.

Knopp, L. 1990. Some theoretical implications of gay involvement in an urban land market. *Political Geography Quarterly* 9(4): 337-352.

Kovács, Z. 1998. Ghettoization or gentrification? Post-socialist scenarios for Budapest. *Netherlands Journal of Housing and the Built Environment* 13(1): 63-81.

Krajewski, C. 2013. Gentrification in Berlin: Innenstadtaufwertung zwischen etablierten "In-Quartieren" und neuen "Kult-Kiezen". *Geographische Rundschau* 65(2): 20-27.

Krase, J. 2005. Poland and Polonia: migration, and the re-incorporation of ethnic aesthetic practice in the taste of luxury. Rowland A. and G. Bridge eds. *Gentrification in a Global Context: The New Urban Colonialism*. 185-208. London and New York: Routledge.

Lang, M. 1986. Measuring economic benefits from gentrification. *Journal of Urban Affairs* 8: 27-39.

Laska, S. B. and D. Spain 1979. Urban policy and planning in the wake of gentrification: anticipating renovator's demand. *Journal of the American Planning Association* 45(4): 523-531.

Laska, S. B. and D. Spain 1980. Anticipating renovators' demands: New Orleans. Laska, S. B. and D. Spain eds. *Back to the City: Issues in Neighborhood Renovation.* 116-137. New York: Pergamon Press.

Lees, L. 1994. Gentrification in London and New York: an Atlantic gap? *Housing Studies* 9(2): 199-217.

Lees, L. 2000. A reappraisal of gentrification: towards a 'geography of gentrification'. *Progress in Human Geography* 24(3): 389-408.

Lees, L. 2003. Super-gentrification: the case of Brooklyn Heights, New York City. *Urban Studies* 40(12): 2487-2509.

Lees, L. 2006. Gentrifying down the urban hierarchy: "The cascade effect" in Portland, Main, USA. Bell, D. and M. Jayne eds. *Small Cities: Urban Experience beyond the Metropolis.* 91-104. Oxon and New York: Routledge,

Lees, L. 2012. The geography of gentrification: thinking through comparative urbanism. *Progress in Human Geography* 36(2): 155-171.

Lees, L. and L. Bondi 1995. De-gentrification and economic recession: the case of New York City. *Urban Geography* 16: 234-253.

Lees, L., H. B. Shin, and E. López-Morales eds. 2015. *Global Gentrifications: Uneven Development and Displacement.* Bristol: The Policy Press.

Lees, L., T. Slater and E. Wyly 2008. *Gentrification.* New York: Routledge.

LeGates, R. T. and C. Hartman 1981. Displacement. *Clearinghouse Review* 15: 207-249.

LeGates, R. T. and C. Hartman 1986. The anatomy of displacement in the United States. Smith, N. and P. Williams eds. *Gentrification of the City.* 178-200. Boston: Allen & Unwin.

Levine, M. A. 2004. Government policy, the local state, and gentrification: The case of Prenzlauer Berg (Berlin), Germany. *Journal of Urban Affairs* 26(1): 89-108.

Ley, D. 1980. Liberal ideology and the postindustrial city. *Annals of the Association of American Geographers,* 70(2): 238-258.

Ley, D. 1986. Alternative explanations for inner-city gentrification: a Canadian assessment. *Annals of the Association of American Geographers* 76(4): 521-535.

Ley, D. 1987. Reply: the rent gap revisited. *Annals of the Association of American Geographers* 77(3): 465-468.

Ley, D. 1994. Theoretical pluralism in Anglo-American human geography. 経済地理学年報 40(1): 63-75.

Ley, D. 1996. *The new middle class and the remaking of the central city*. Oxford: Oxford University Press.

Ley, D. and C. Mills 1986. Gentrification and reform politics in Montréal, 1982. *Cahiers de Géographie du Québec* 30: 419-427.

Lipton, S. G. 1977. Evidence of central-city revival. *Journal of the American Institute of Planners* 43(2): 136-147.

Lipton, S. G. 1980. Evidence of central-city revival. Laska, S. B. and D. Spain eds. *Back to the City: Issues in Neighborhood Renovation*. 42-60. New York: Pergamon Press.

London, B. 1980. Gentrification as urban reinvation: some preliminary definitional and theoretical considerations. Laska, S. B. and D. Spain eds. *Back to the City: Issues in Neighborhood Renovation*. 77-92. New York: Pergamon Press.

Lonsdale, S. 2004. Tears of the clown as his tower gets a fancy facelift. *Telegraph*, 13 November. (http://www.telegraph.co.uk/finance/property/3336718/Tears-of-the-clown-as-his-tower-gets-a-fancy-facelift.html　2017 年 1 月 2 日閲覧)

Lopez-Morales E. J. 2010. Real estate market, state-entrepreneurialism and urban policy in the 'gentrification by ground rent dispossession' of Santiago de Chile. *Journal of Latin American Geography* 9(1): 145–173.

Lützeler, R. 2008. Population increase and "new-build gentrification" in central Tokyo. *Erdkunde* 62(4): 287-299.

Marcuse, P. 1986. Abandonment, gentrification, and displacement: the linkages in New York City. Smith, N. and P. Williams eds. *Gentrification of the City*. 153-177. Boston: Allen & Unwin.

Marcuse, P. 1988. Gentrification, homeless, and the work process: housing markets and labour markets in quartered city. *Housing Studies* 4(3): 211-220.

Martin M. 2007. Brooklyn beckons in New York property war, *The Telegraph*, 27 October (http://www.telegraph.co.uk/property/3359669/Brooklyn-beckons-in-New-York-property-war.html　2014 年 11 月 20 日閲覧)

McDonald, S. C. 1986. Dose gentrification affect crime rate? Reiss, Jr., A. J. and M. Tonry eds. *Communities and Crime*. 163-201. Chicago: University of Chicago Press.

McDowell, L. 1983. Towards an understanding of the gender division of urban space. *Environment and Planning D: Society and Space* 1(1): 59-72.

Mills, C. A. 1988. "Life on the upslope": the postmodern landscape of gentrification. *Environment and Planning D: Society and Space* 6(2): 169-189.

Mills, C. A. 1991. Fairview Slopes, Vancouver: gentrification in the inner city. *The Canadian Geographer* 35(3): 306-310.

Munt, I. 1987. Economic restructuring, culture, and gentrification: a case study in Battersea, London. *Environment and Planning A* 19(9): 1175-1197.

Murdie, R. and C. Teixeira 2011. The impact of gentrification on ethnic neighbourhoods in Toronto: A case study of little Portugal. *Urban Studies* 48(1): 61-83.

Musterd, S. and J. van der Ven 1991. Gentrification and residential revitalization in Amsterdam. Van Weesep, J. and S. Musterd eds. *Urban Housing for the Better-off: Gentrification in Europe*. 89-97. Utrecht: Stedelijke Netwerken.

Newman, K. and E. Wyly 2006. The right to stay put, revisited: gentrification and resistance to displacement in New York City. *Urban Studies* 43(1): 23-57.

Nobre, E. A. C. 2002. Urban regeneration experiences in Brazil: Historical preservation, tourism development and gentrification in Salvador da Bahia. *Urban Design International* 7(2): 109-124.

Novy J. and C. Colomb 2012. Struggling for the right to the (creative) city in Berlin and Hamburg: New urban social movements, new 'spaces of hope'? *International Journal of Urban and Regional Research* 37(5): 1816-1838.

Patch, J. 2004. The embedded landscape of gentrification. *Visual Studies* 19(2): 169-187.

Pattison, T. 1983. The stage of gentrification: the case of Bay Village. Clay, P. and R. Hollister eds. *Neighborhood Policy and Planning*. 77-92. Lexington: Lexington-Books.

Phillips, M. 2002. The production, symbolization and socialization of gentrification: impressions from two Berkshire villages. *Transactions, Institute of British*

Geographers New Series, 27(3): 282-308.

Porter, M. 2010. The rent gap at the metropolitan scale: New York city's land-value valleys, 1990-2006. *Urban Geography* 31(3): 385-405.

Qiu, I. H. 2002. Consideration of "gentrification" in contemporary Chinese urban renewal. *Tropical Geography* 22(2): 129-136.

Rofe, M. W. 2001. 'I want to be global': theorising the gentrifying class as an emergent élite global community. *Urban Studies* 40(12): 2511-2526.

Rose, D. 1984. Rethinking gentrification: beyond the uneven development of marxist urban theory. *Environment and Planning D: Society and Space,* 2(1): 47-74.

Rose, D. 1989. A feminist perspective of employment restructuring and gentrification: the case of Montréal. Wolch, J. and M. Dear eds. *The Power of Geography: How Territory Shapes Social Life*. 118-138. Boston: Unwin Hyman.

Sassen, S. 1991. *The Global City: New York, London, Tokyo*. Princeton: Princeton University Press.

Savitch, H. V. 1988. *Post-industrial Cities: Politics and Planning New York, Paris, and London*. Princeton: Princeton University Press.

Schaffer, R. and N. Smith 1986. The gentrification of Harlem？*Annals of the Association of American Geographers* 76(3): 347-365.

Senatsverwaltung für Wirtschaft, Technologie und Forschung, 2014. *Dritter Kreativ Wirtshafts Bericht: Entwicklung und Potenziale*. Berlin（http://www.berlin.de/projektzukunft/uploads/tx_news/01_KWB13_Inhalt_small.pdf　2015 年 5 月 31 日閲覧）

Shimizu, M. 2004. An analysis of recent migration trends in the Tokyo city core 3 wards. *The Japanese Journal of Population* 2(1): 34-54.

Sisario, B. 2007. Neither arenas nor dives, new clubs hope to succeed with more style. *The New York Times*, 30 August（http://www.nytimes.com/2007/08/30/arts/30music.html?pagewanted=all&_r=0　2014 年 11 月 25 日閲覧）

Smith, A. 1989. Gentrification and the spatial construction of the state: the restructuring of London's Docklands. *Antipode* 21(3): 232-260.

Smith, D. M. 1996. The socialist city. Gregory A., M. Harloe and I. Szelenyi eds. *Cities after Socialism: Urban and Regional Change and Conflict in Post-socialist Societies*. 70-99. Oxford: Blackwell.

Smith, N. 1979a. Gentrification and capital: practice and ideology in Society Hill. *Antipode* 11(3): 24-35.

Smith, N. 1979b. Toward a theory of gentrification: a back to the city movement by capital, not people. *Journal of the American Planning Association* 45(4): 538-548.

Smith, N. 1982. Gentrification and uneven development. *Economic Geography,* 58(2): 139-155.

Smith, N. 1987a. Gentrification and the rent gap. *Annals of the Association of American Geographers* 77(3): 462-465.

Smith, N. 1987b. Of yuppies and housing: gentrification, social restructuring, and the urban dream. *Environment and Planning D: Society and Space* 5(2): 151-172.

Smith, N. 1992. Blind man's bluff, or, Hamnett's philosophical individualism in search of gentrification. *Transactions, Institute of British Geographers New Series* 17(1): 110-115.

Smith, N. 1996. *The New Urban Frontier: Gentrification and the Revanchist City.* Routledge. スミス，N. 著，原口　剛訳　2014『ジェントリフィケーションと報復都市―新たなる都市のフロンティア―』，ミネルヴァ書房．

Smith N. 2002. New globalism, new urbanism: gentrification as global urban strategy. *Antipode* 34(3): 427-450.

Smith, N. and J. Deflippis 1999 The reassertion of economics: 1990s gentrification in the Lower East Side. *International Journal of Urban and Regional Research* 23(4): 638-653.

Smith, N., B. Duncan, and L. Reid 1989. From disinvestment to reinvestment: tax arrears and turning points in the East Village. *Housing Studies* 4: 238-252.

Smith, N. and M. LeFaivre 1984. A class analysis of gentrification. Palen, J. and B. London eds. *Gentrification, Displacement and Neighborhood Revitalization.* 43-63. Albany: State University of New York Press.

Sorensen, A., J. Okata, and S. Fujii 2010. Urban renaissance as intensification: Building regulation and the rescaling of place governance in Tokyo's high-rise *manshon* boom. *Urban Studies* 47(3): 556-583.

Sorensen, A. 2011. Uneven processes of institutional change: path dependence, scale and the contested regulation of urban development in Japan. *International Journal of Urban and Regional Research* 35(4): 712-734.

Spain, D. 1980. Indicators of urban revitalization: racial and socioeconomic changes in central-city housing. Laska, S. B. and D. Spain eds. *Back to the City: Issues in Neighborhood Renovation*. 27-41. Pergamon Press.

Spain, D. 1991. A gentrification research agenda for the 1990s. *Journal of Urban Affairs* 14(2): 125-134.

Stabrowski, F. 2014. New-build gentrification and the everyday displacement of Polish immigrant tenants in Greenpoint, Brooklyn. *Antipode* 46(3): 794-815.

Steinberg, J., P. van Zyl, and P. Bond 1992. Contradictions in the transition from urban apartheid: barriers to gentrification in Johannesburg. Smith, D. M. ed. *The Apartheid City and beyond: Urbanization and Social Change in South Africa*. 266-278. London: Routledge.

Sternlieb, G. and J. Hughes 1979. Back to the central city: myths and realities. *Traffic Quarterly* 33(4): 617-636.

Sumka, H. J. 1979a. Neighborhood revitalization and displacement: A review of the evidence. *Journal of the American Planning Association* 45(4): 480-487.

Sumka, H. J. 1979b. The ideology of urban analysis: a response to Hartman. *Journal of the American Planning Association* 45(4): 491-494.

Sýkora, L. 1999. Changes in the internal spatial structure of post-communist Prague. *GeoJournal* 49(1): 79-89.

Sýkora, L. 2005. Gentrification in post-communist cities. Rowland A. and G. Bridge eds. *Gentrification in a Global Context: The New Urban Colonialism*. 90-105. London and New York: Routledge.

Thomas, G. A. 1991. The gentrification of paradise: St. John's, Antigua. *Urban Geography* 12(5): 469-487.

Van Heerden, S. and M. Bontje 2014. What about culture for the ordinary workforce?: a study on the locational preferences of the creative class in Prenzlauer Berg, Berlin. *Journal of Urban Affairs* 36(3): 465-481.

Van Weesep, J. 1994. Gentrification as a research frontier. *Progress in Human Geography* 18(1): 74-83.

Venohr, W. 2014. *Berlin Prenzlauer Berg*. Berlin: Berlin Story Verlag.

Vicario, L. and P. M. M. Monje 2003. Another 'Guggenheim effect'? the generation of a potentially gentrifiable neighbourhood in Bilbao. *Urban Studies* 40(12): 2383-

2400.

Visser, G. and N. Kotze 2008. The state and new-build gentrification in Central Cape Town, South Africa. *Urban Studies* 45(12): 2565-2593.

Von Schmidl, K. 2012. Bezirk will 18-Geschosser an der Media Spree verhindern. *Berliner Zeitung*, August 27 (http://www.berliner-zeitung.de/berlin/east-side-tower-bezirk-will-18-geschosser-an-der-media-spree-verhindern,10809148,16975122.html 2015年3月15日閲覧)

Walker, P. and L. Fortmann 2003. Whose landscape? A political ecology of the 'exurban' Sierra. *Cultural Geographies* 10(4): 469-491.

Ward, P. M. 1993. The Latin American inner city: differences of degree or of kind? *Environment and Planning A* 25(8): 1131-1160.

Warde, A. 1991. Gentrification as consumption: issues of class and gender. *Environment and Planning D: Society and Space* 9(2): 223-232.

White, P. and D. Gutting 1998. Berlin: social convergences and contrasts in reunited city. *Geography* 83(3): 214-225.

Wießner, R. 1988. Probleme der Stadterneuerung und jungerer Wohnungsmodernisierung in Altbauquartieren aus sozialgeographischer Sicht: mit Beispielen aus Nürnberg. *Geographische Rundschau* 40(11): 18-25.

Williams, P. R. 1976. The role of institutions in the inner London housing market: the case of Islington. *Transactions, Institute of British Geographers New Series* 1(1): 72-82.

Williams, P. R. 1978. Building societies and inner city. *Transactions, Institute of British Geographers New Series* 3(1): 23-34.

Williams, P. 1986. Class constitution through spatial reconstruction?: a re-evaluation of gentrification in Australia, Britain, and the United States. Smith, N. and P. Williams eds. *Gentrification of the City*. 56-77. Boston: Allen & Unwin.

Wilson, D. 1989. Local state dynamics and gentrification in Indianapolis. Indiana. *Urban Geography* 10: 19-40.

Wilson, D. 1990. Institutions, agency and microscale gentrification: a tale of two neighborhoods. *Journal of Urban Affairs* 12(3): 267-284.

Wilson, D. and T. Mueller 2004. Representing "neighborhood": Growth coalitions, newspaper reporting, and gentrification in St. Louis. *The Professional Geographer*

56(2): 282-294.

Winchester, H. P. M. and P. E. White 1988. The location of marginalised groups in the inner city. *Environment and Planning D: Society and Space* 6(1): 37-54.

Wu F. 1997. Urban restructuring in China's emerging market economy: towards a framework for analysis. *International Journal of Urban and Regional Research* 21(4): 640-663.

Zimmerman, J. 2008. From brew town to cool town: Neoliberalism and the creative city development strategy in Milwaukee. *Cities* 25(4): 230-242.

Zukin, S. 1982. *Loft Living: Culture and Capital in Urban Change.* Baltimore and London: The John Hopkins University Press.

Zukin, S. 1987. Gentrification: culture and capital in the urban core. *Annual Review Sociology* 13: 129-147.

Zukin, S. 2009. *Naked City: The Death and Life of Authentic Urban Places.* Oxford University Press. ズーキン，S. 著，内田奈芳美・真野洋介訳　2013『都市はなぜ魂を失ったか―ジェイコブズ後のニューヨーク論―』, 講談社.

Zukin, S. and L. Braslow 2011. The life cycle of New York's creative districts: reflections on the unanticipated consequences of unplanned cultural zones. *City, Culture and Society* 2(3): 131-140.

索 引

[あ 行]

アーティスト　88,92,95,103,138,153
アパート　3,14,45,51,52,54,132,146
アフォーダブルな住宅　67,82,97,99,103,123,128
アフリカ系アメリカ人　102,128
アメニティ　11,14,146
アメリカ合衆国　1,3,4,9,18,19,30,61,128
イーストエンド　63,65
イースト川　88,95,97,99,100,103,119-122,129
イギリス　4,7,22,30,90
イズリントン　65
イデオロギー　4,13,14,131
一室居住者用ホテル　6
イノベーション　86
印刷　109,112,115,116,125,127,153
インナーシティ　1,3,6,8-16,19,20,24-26,30,40-45,47,48,55,58,72,107,118,130,131
ウィリアムズバーグ　91-96,99-101,103,120-122
ウォーターフロント　45,95,96,99,103,123
ウォンズワース　74,75,81,84
ウリッジ　72,75,78-84
運河　68,70,106,107,122,149

エスニシティ　60,100-102,104,127,128
エリート　21,121
エレベータ　78
エンタープライズゾーン　122
大阪　25,43,44,149-154,158,159
オフィスビル　26,46,49,74,110,123,153
卸売業　3,19,112,113
織屋　26,29,40
音楽家　91,92,103
音楽ホール　92,93,103

[か 行]

階級　2,4,6,8,13-17,21,24,42,53,56,65,66,71,72,81,118,131,138,156,157
外国人　42,90,137,139,148
改装　88,92,103,133,141-145,147,148
開発業者　4,9,49,77,78,110,151,156
家屋　27,110,115,125
家事　15
過剰供給　87,159
カフェ　16,54,88,90,141,153
上京区　31,32
間接的な立ち退き　67,72,81
管理職　13,64,65,67-70,73,74,106,107,109,112,113,122-127,152
規制緩和　47,96,97,111,112,117,119,122,129,150,151,159
気積　145

184 索 引

キッチュ　14,147
旧社会主義体制　139
旧社会主義都市　131
給水タンク　94
京都　20,22,30-32,35,38-41,44-46,50,
　51,54,55,61,84
共同住宅　20,21,24,25,29,31,34-39,42,
　44,45,47-54,69,74-84,92,96,97,99,106-
　108,110,117,122,124,126-129,132,
　141-144,146,148,151-154,156,157,
　159
居住空間の改善　2,18,45,56
居住者階層の上方変動　2,25,39,45,56,
　71-74,84,116,122
居住世帯　34,35,154
近代建築　150
金融資本　10
近隣　4,5,9,15,16,20,24,25,41,53,55,58,
　59,65,71,72,74,81,83,88,90,100,103,
　107,115,118-121,155,160
空閑地　36,47-50,75,77,111,125-134,
　143
空室率　87,154,156,159
区画整理事業　111
グリーンポイント　90,99,101-103,122
クリエイティビティ　86
グリニッジ　75,77,82,92
グリュンダーツァイト　130,139,144-
　146,148
クロイツベルク　133-135,139,145
グローバリゼーション　59,63,69
ゲイ　16
景観　14,29,39,42,65,72,73,81,84,90,
　94,95,97,103,112,114,115,118,122,
　147,150,151,153,157,159,160

景気拡大　44,105,150
景気後退　47,49,56,58,105,115,118,
　119,150,151
経済危機　87
経済体制　130,131,133,135,141
経済的立ち退き　81
芸術家　15,85,91,92,103,122
ゲーテッドコミュニティ　72,82,142
建築規制　53
建築の自由　114,157,159
建築紛争　50,111,115,117,156,160
建築様式　2,56,65,71,146,148
公園　86,95,99,107,122,148
郊外　2-5,8,10,12,14,19-21,25,26,30,
　32,40,51,58,70,72,118
高級住宅　141
工業景観　95,103
広告　82,99,143,145
工場　3,19,31,38,49,53,67-69,72,75,
　77,78,85,92,94,99,100,103,106,107,
　109,112,116,117,121,122,125,127,
　129,153,157
高所得者　3,67,72,122
高層共同住宅　25,42,53,76,77,81,84,
　92,96,97,112,115-117,122,124,151,
　154-157,159
江東区　106-109,117,124
高齢者　3,5,16,24,25,149-151,153,156,
　159
コミュニティ　4,6,16,25,42-45,55,65,
　66,69,72,106,124,128,129,150,151,
　154,156,160
雇用　3,4,15,122
コンバージョン　68,92,152,158

[さ行]

サービス業　7,19,58,131,133,148
再開発　12,14,25,42-45,54,71,73,74,92,
　　111,117,137,138,148
再都市化　19,72,84
再利用　18,25,42,69,75,84,92,103,105,
　　111,122,138,153
サウスサイド　91,101-103,128,129
産業構造　13,15,19,30,95,100,106
ジェントリファイアー　8,13,15,17,22,
　　24,36,38,45,48,54,65,72,88,94,121,
　　146,147
ジェントリフィケーションのハイブリッ
　　ド　78,84
CBD　45,46,125,129
下町　41,112,115
失地回復　85
シティ　67,68,73,74,82,83
資本化地代　10-12,23,111,112,139
資本の回帰　24
資本の再投資　67,72,73
社会学　57-60
社会経済的弱者　3,5,16,24,25
社会主義　56,61,130-134,141,148
社会的影響　1,7,22,73,86,100,131
社会的識別　147
社会的排除　100,143
借家　3,5,7,21,27,34,44,110,116
住工混在　109
住宅改良補助金　7
住宅価格　7,11,12,18,65,66,82,83,90,
　　103,119
住宅附置　110,111,125,151
修復地区　131,137,139-142,148
シュプレー川　136-138,148
商業　54,60,84,109,114,122,124,130,
　　131,133,137,148,153
商業のジェントリフィケーション　60
商店街　16,100,109,150,152,153
職業　9,11,13,19,25,29,32,33,90,127,
　　128,134
新規来住者　4,6,9,20,29,32,148,157
シングル・マザー　15,23
人口回帰　3,20,21,30,32,36,37,45,51
人口減少　29,43,117,125
人口増加　20,29,45,46,51,53,106,135,
　　148
新自由主義　59
新築のジェントリフィケーション　67,
　　72,74,83,86,100,103,122,123,150
新中間階級　4,13,14,16,17,21,24,71
侵入　2,67
人文主義　17
水運　68,75,92,106,121
水路　68,69,106,122,128
スーパージェントリフィケーション　65,
　　66,69,88,103,121,134
隅田川　106,111,112,114,115
生活　15,30,115,117,148,150,156
世界都市　21,41,70,119,129
接収　132,133
遷移　67
漸移地帯　112
潜在的地代　10,11,23,112,139
潜在的なジェントリファイアー　17,24
前住地　3,20,31,32
専門・技術職　30,32,38,46,51,65,68-
　　70,73,74,106-109,112,113,122-127,
　　152
倉庫　14,68,77,88,92,94,99,103,106,

107,112,127,153
総合設計制度　116
創造的活動　86,92,95,103
創造的企業　138,148
ソーホー　85,86,92,103,121
ゾーニング　96,97,99,103
村落のジェントリフィケーション　59

［た　行］
第三の波　140
ダウンタウン　85,105,122
多国籍企業　121,138,148
立ち退き　4-6,9,16,21,25,36-39,42,44,
　45,49,50,54,55,60,65,67,71-73,81-84,
　86,100,102,103,105,110,116-118,
　122,127,128,138,150,158
脱成長社会　149,160
多様性　26,41,86,104
タワーハムレッツ　65,70,123,127-129
段階モデル　9
DUMBO　86
治安　15
地価高騰　39,110,112,115,117,125
地価の下落　48,105,112
地価の谷　10,12
地価の変動　105,106
地代格差　10,12,112
中央区　109-117,124-127,129,151
駐車場　36,49,50,99,110,111,115,125,
　150,158
中心市　1-5,19,20,25,30,40,44,70,149
中心市街地　44,149
超高層共同住宅　97,112,116,117,151,
　156,157,159
地理学　57,58

地理的位置　119,129,133,136
賃貸住宅　99,130,148
賃料　117,122,133
ツーリズム　43,63
月島　112,115,124
低所得者　3,14,24,25,71,82-84,97,142
抵当　7,43
低・未利用地　69,103,105,111,112,117,
　129,149
デザイン　42,69,114,122
手の届く価格　83,84,116,117,156
テムズ川　63,67-70,72,74,75,77,78,83,
　84,122,123,128,157
テラスハウス　58,75,76,84,86,118,120
伝統的住宅　41,45,67,84,150
転入者　30-32,35,36,38,39
ドイツ　1,61,94,132,133,139,141,142,
　147,148
トイレ　132,133,141
同一市内での住み替え　30
東京　19,21,22,31,41,43,45,106-111,
　116,119,124,127,129,150,151,158
東欧諸国　61
投機的取引　112,117,150
投資　10-12,20,24,44,55,67,72,73,111,
　112,117,119,122,145,150
投資家　4,8,85
同性愛　15
都市階層　63
都市学　57-60,69
都市景観　115,150,151,159
都市再開発　25,42,111
都市再生　47,59,69,86,106,111,114,
　116,117,149-151,153,157
都市政策　63,69,70,85,106,114

都市政府　42,105,140,148
都市の内部構造　135
都市への回帰　2,30,51
都心　3,7,14,20,21,23,26,29,44-46,53,
　　54,97,105,106,109-112,116,119,123,
　　124,127,129-131,133,135,148,151
都心周辺　7,23,112,114
土地利用　10,12,13,36,37,49,77,137,
　　139
ドックランズ　70,72-74,77,82,122
問屋街　112,114

[な 行]
長屋住宅　157,158
西陣　20,26,29-33,35,37-40,46,51,105
二重の役割　15
日本橋　112-115,124,125
ニューヨーク　10,48,59,63,65,66,72,92,
　　94,100,105,118,119,127-129
ノイケルン　135,143

[は 行]
パークスロープ　86,90,92,120,122
ハーレム　10
バーンズベリー　65
排除の立ち退き　83
白人　3,101,102,119-122,128,129
ハクニー　65,68,70
発現要因　63,105,119,129,136,148
バルコニー　141,143
犯罪　4,6,94
反ジェントリフィケーリョン　59
反体制文化　15
美意識　14,147
ビール醸造所　94,103

非熟練労働者　13
ヒスパニック　101-103,119,120,128,
　　129
ファサード　139,145,147
ファミリー世帯　88,134
不均等発展　10
福島　153-156,158,159
物的衰微　10,43
物的な立ち退き　81
ブティック　16,54,94
不動産業者　7,16,90
不動産市場　20,42,132,148
負の投資　11,47
不法占拠　134
プラッテンバウ　132
フリードリヒスハイン　132,135,136,
　　142,145
ブルーカラー　129,153
ブルーリボンネットワーク　69,70,122,
　　128,149
ブルックリン　65,88,90,103,104,120,
　　128,129
ブルックリンハイツ　65,72,88,103,121,
　　122
プレンツラウアーベルク　130,132-135,
　　138,139,147,148
フロンティア　69,85
分極化　25,39
分譲　8,38,144,146
壁面アート　92
ベルリン　130,131,133-137,139,142,
　　146,148
ベルリンの壁　133,142
報復都市　85
ホームレス　5,6,60

保全　14,42,43,45,54,65,88,150,158,159
ポストモダン　14,18
ホワイトカラー　3,13,19,25,26,30,32,33,38,44,106,124,128,129

[ま　行]
マージナル・ジェントリファイアー　15,17,36,39,52
マイノリティ　5
町家　53,54
ミッテ　130,133-135,141,145,148
湊　109,111,112,114-116,125-127,129
モータリゼーション　153
持ち家　35,43,51,53,82,130,148
モチーフ　14,146

[や　行]
家賃　5,15,81,83,91,92,95,103,110,116,127,129-131,143,145,148
家賃規制　130
床面積　42,97,145,151,153
ユダヤ人　101
容積率　96,97,103,111,126

[ら　行]
来住者　3,5,9,10,16,36,45,48,51,69
ライフスタイル　4,15
リーマン・ショック　111
利潤　10,49,82
リスク　8-10,15
立地条件　75,92,121,145
歴史的建造物　65,87,103
歴史的建築物保存地区　88
レストラン　42,65,88,90,94,141

レズビアン　16
ロウアーイーストサイド　10,85,121
労働者階級　2,14,56,66,71,81,118,131
濾過現象　8,9,18,19
路地　54,112,115,125,153
路線価　48,109,111,112
ロフト　14,85,92,141
ロンドン　1,2,8,56,59,60,63-65,68-73,75,77,83,114,118,119,122-124,127,129,149,157
論理実証主義　16

あとがき

　本書で論考することになったジェントリフィケーションと筆者との関わりについて、その経緯をまとめたい。ジェントリフィケーションというキーワードに出会ったのは、1988年夏に関西学院大学図書館で、大阪市立大学経済研究所編『大都市の衰退と再生』東京大学出版会に所収された、成田孝三先生の「アメリカにおける都市再生の動向と問題点―ジェントリフィケーションを中心として―」を見つけたことであった。1989年に関西学院大学大学院に進学し、浮田典良先生が指導教員となった。浮田先生から示された最初の課題は、研究テーマについて「風呂敷を広げて考えてみなさい」と、日本語だけでなく他言語も含めた研究のためのキーワード調べであった。その時とりあげたキーワードはジェントリフィケーションであり、成田先生の論文はもちろん、英語の学術雑誌も引用して発表したことが、ジェントリフィケーションについてまとめた最初であった。浮田先生の主題図作成についてのご指導は精確で、地域の変化を主題図で示す方法を習得できた。そして、京都の変化を示す図をお見せしたところ、表現方法が適切で良いと、先生のご著書『地図表現半世紀』の最後の図として所収されたことは、身に余る光栄であった。

　関西学院大学の博士前期課程では、小森星児先生の授業が1988年に開講された。ロンドンのインナーシティについて非常に詳しいご説明により、深く学ぶことができた。その後、小森先生が主催された1991年7月にロンドンとパリでの日英都市政策セミナーにおいて、シュピタールフィールズやドックランズの巡検に参加し、問題点を現地で実感できたことは、後に筆者が現地調査を進める上で、感覚を大いに研ぎ澄ますきっかけとなった。

　関西学院大学は関関同立の四大学交流の学修プログラムに入っており、学生は関西大学や立命館大学の授業を受講できる。この制度により、1988年に関西大学で開講されていた成田先生の授業に参加できた。最初の授業でどんな

テーマに興味があるか聞かれ、ジェントリフィケーションに関心があると述べると、次の授業から Gentrification of the City を読み進めることになった。この本を読破できたのも、成田先生からの的確なコメントがあったからである。さらに、立命館大学においても成田先生の授業に参加するなど、大学院の博士課程5年間のうち4年間、成田先生からの知的刺激を受け続けたことは、筆者の研究の深化に大きく貢献した。

　インターネットの普及により、ジェントリフィケーションについて検索できるようになると、2002年9月にグラスゴーでジェントリフィケーションの学会 (Upward Neighbourhood Trajectories: Gentrification in a New Century) が開かれることを見つけ、エントリーして報告することにした。学会では、本書の中に出てくる著名なジェントリフィケーションの研究者たちが、ニールやディビッドやクリスというようにファーストネームで議論しており、ヨシヒロと呼ばれてジェントリフィケーション研究の仲間に加わるとともに、日本の研究を位置づける上で大きな影響を受けた。その研究成果は、Gentrification in a Global Context に所収された。

　ジェントリフィケーションについての筆者の研究が蓄積されてくると、多くの学会からのお誘いがあった。2012年3月にロンドンで開かれた学会 (Towards an Emerging Geography of Gentrification in the Global South) では、シン先生から報告者として指名され参加すると、先のグラスゴーの学会以来の、ローランドやロレッタとの再会もあり、大いに刺激を受けた。科学研究費の共同研究でお世話になっていた研究代表者の日野正輝先生には、2014年3月の日本地理学会でシンポジウム「現代都市の形態変化とジェントリフィケーション」開催にご尽力いただいた。さらには、2015年9月には日本都市社会学会のシンポジウムで、2016年4月には都市住宅学会関西支部の記念シンポジウムにて報告の機会を得た。このような学会での報告は研究成果をまとめる上で貴重な機会となり、学会の関係諸氏には感謝したい。

　地理教育について考える機会でご一緒した阿部和俊先生からは、早く研究成果をまとめるようにと激励され、阿部先生編集の『都市の景観地理』への執筆機会をいただくとともに、日本都市地理学会へ勧誘された。ご高著を出版され

続けているご経験に基づく先生からの助言は、筆者の論考を本書にまとめる契機となった。

　末筆ながら、現地調査や資料収集でご教示くださった皆様に感謝したい。本書の出版をこころよく引き受けてくださった古今書院の橋本寿資社長に、心よりお礼申し上げたい。

2017年2月26日

藤塚吉浩

著者紹介

藤塚吉浩（ふじつか よしひろ）

1964年12月　京都市生まれ。
1993年3月　関西学院大学大学院文学研究科博士課程後期課程単位取得退学。
専門は都市地理学。文学修士。
高知大学講師、同助教授、同准教授、同教授を経て、現在、大阪市立大学教授。
共編著：『図説　世界の地域問題』、『図説　21世紀日本の地域問題』、『オーストリアの風景』、『図説　日本の都市問題』。

書　名	ジェントリフィケーション
コード	ISBN978-4-7722-4201-1 C3036
発行日	2017年3月30日　初版第1刷発行
著　者	藤塚吉浩
	Copyright ©2017 Yoshihiro FUJITSUKA
発行者	株式会社　古今書院　橋本寿資
印刷所	三美印刷　株式会社
製本所	三美印刷　株式会社
発行所	古今書院
	〒101-0062　東京都千代田区神田駿河台2-10
電　話	03-3291-2757
ＦＡＸ	03-3233-0303
振　替	00100-8-35340
ホームページ	http://www.kokon.co.jp/
	検印省略・Printed in Japan

いろんな本をご覧ください
古今書院のホームページ

http://www.kokon.co.jp/

★ 800点以上の**新刊・既刊書**の内容・目次を写真入りでくわしく紹介
★ 地球科学やGIS, 教育など**ジャンル別**のおすすめ本をリストアップ
★ 月刊『**地理**』最新号・バックナンバーの特集概要と目次を掲載
★ 書名・著者・目次・内容紹介などあらゆる語句に対応した**検索機能**

古 今 書 院
〒101-0062　東京都千代田区神田駿河台2-10
TEL 03-3291-2757　FAX 03-3233-0303
☆メールでのご注文は order@kokon.co.jp へ